子どもの
頭のよさを引き出す

親の言い換え辞典

小川大介

青春出版社

- 編集協力
  石渡真由美
- カバー・本文イラスト
  たかまつかなえ
- 装丁・本文デザイン
  小口翔平＋畑中茜＋嵩あかり（tobufune）
- 本文DTP
  佐藤純（アスラン編集スタジオ）

はじめに　子どもの「自分らしさ」は親の言葉でつくられる

わが子には幸せな人生を歩んでほしい。親であれば誰しもそう願います。

では、幸せな人生とはどんな人生でしょうか？

多くの方が、自分の好きなことを見つけて、自分らしさを発揮しながら、自分で人生を切り拓いていける人をイメージするのではないでしょうか。だからこそ、子どもにはいろいろな経験をさせて、自分の好きなことを見つけてほしいと思うし、がんばって勉強をして将来の選択肢を増やしてほしいと考える。親としてごく自然な願いです。

一方で、今の親御さんたちは夫婦共に仕事をしている共働き家庭が多く、子どもとじっくり向き合う時間がありません。わが子の将来のために、親である自分ががんばらなければいけない。しかし、子どもは親の思うようには動いてくれません。「早くしなさい！」「まだ終わってないの？」と子どもを急かす言葉がどうしても口をついて出ます。

また、今の時代は子育て情報があふれています。子どもの教育によいと聞けば、やらせてあげたいと思うし、やらなければ後悔してしまうのではないかと不安になり、与えるものが増えていきます。さらにＳＮＳを開けば、よその家の子育ての様子が否応なしに目に入ってくる。隣の芝は青く見えるものです。すると、わが子のできていないところばかりに目が行き、「〇〇ちゃんはできるのに、なんであなたはできないの？」「もっとがんばらないとダメよ」と子どもを追い詰める言葉が出るようになります。

親から与えられた言葉が子どもの成長に影響することは、いろいろなところで言われているし、頭ではわかっている。だけど、どうしてもイライラした感情を抑えきれず、「本当は言いたくない言葉」を言ってしまう。そして、言ってしまったときには、後悔が残る。これが、きれいごとではないリアルな子育ての日常なのだと思います。

だけど、この状況をなんとか変えたい――。

この本を手に取ってくださった方の多くが、そう望んでいるのではないでしょうか。

今、世の中には言葉の「言い換え本」がたくさん出ています。それだけ、言葉で悩んでいる人が多いのだと思います。すでにいくつかの本を参考にしてみたものの、うまくいかなかったからこの本を手に取ったという人もいるかもしれませんね。

言葉を変換すれば、子どもがみるみるとやる気を見せ、自分がラクになれる。そんな魔法のような言葉があるのなら、ぜひとも習得したい。

しかし、どんなにポジティブな言葉でも、その言葉を渡すお母さん（お父さん）の顔が怒っていたり、無表情だったりすると、「今のはお母さん（お父さん）の本当の言葉じゃない」と、子どもは敏感に感じ取るもの。イライラを我慢し、ニコニコを演じてみても、それを持続していくのはむずかしく、根本的な解決にはなりません。

私がこの本で伝えたいことは、言い回しのスキルを追求することではありません。なによりも、お子さんへの理解を深めていただきたいのです。わが子を理解するには、まず目の前にいる子どもをじっくり観察することです。「子どもの将来の幸せに直接つながりそうなもの」をあれもこれもと与え、詰め込むのではなく、子ども自身が見つけた「好き」を知り、認め、見守る。すると、子どもは自ら学び、グングン成長していきます。これが、教育家として長年多くの子どもたちと接してきた私の持論です。

ただ、人は自分のことは自分ではよくわからないものです。そこでまわりの大人たちが言葉にして伝えてあげる必要があります。小さい子どもの場合、まずは親。親から渡された言葉で、「そう、自分はこれが好き」「これが得意なんだ」と、自分の好きなことや強みを知るのです。自分の好きなものを親に認められ、見守られて育った子は、「自分は自分のままでいい」という安心に包まれ、自分の持ち味を生かしながら伸びていきます。
まさに、みなさんがイメージする「幸せな人生」を歩んでいけるようになるのです。

ところが、親御さん自身に心の余裕がないと、子どもをじっくり観察することができません。ここでいう心の余裕とは、時間的なものだけではなく、親御さん自身が自分と向き合うことで生まれる精神的な奥行きや広がりも含まれます。

親子のコミュニケーションは、人生の中で最初にスタートする人との関わりです。それがその人の人格を形成し、価値観となっていきます。親から言われたひとことで励まされることもあれば、大人になっても深く傷ついたままのこともある。まずは、親御さん自身が、幼少期に親から渡された言葉を振り返ってみてほしいのです。「こんな言葉をかけてもらえて嬉しかったな」「あんな言い方はしてほしくなかった」など、そのときの感情を思い出してみてください。すると、自ずと言葉を選ぶようになります。

「本当は言いたくない言葉」も、「なぜそう言ってしまったのだろう？」と自分の心と向き合うと、とてもシンプルな答えにたどりつきます。わが子の幸せを願うからこそ生まれる期待だったり、不安や焦りだったり。つまり、親の深い愛情なのです。であれば、その気持ちが子どもにきちんと届くように、伝え方を工夫すればいいだけ。それを知ると、自然に言葉が変わってきます。

ネガティブ言葉からポジティブな言葉に言い換えるだけでは、誰かが考えた台詞を言っているようにしか聞こえませんが、目の前にいるわが子を観察して見えてきた言葉なら、誰の言葉でもなく「お母さんの言葉」「お父さんの言葉」として伝わります。

自分と向き合うことは、ときにしんどいこともあります。本書を読み進めていくなかで、「今まで言ってしまった言葉」の重さを感じることがあるかもしれません。

でも、どうか落ち込んだりしないでください。みなさんがお子さんのことが大好きなのはわかっています。ただ、伝え方を知らなかっただけ。今から選び直せばいいのです。

一気に変えようとする必要はありません。本書でご紹介する言葉の例えは、すぐに使えるものもあれば、時間をかけてゆっくり育んでいくものもあります。もちろん、目の前にいるお子さんが違えば、渡す言葉も変わってきます。言葉に正解はないのです。だからこそ、その時その時のベター(より良い選択)を考え続けましょう。

本書が親子の関わりを見つめ直し、ご家庭に笑顔が増えるきっかけになってもらえれば、著者としてこれほどうれしいことはありません。

小川大介

第2章

家庭学習での言い換え

勉強が未来を照らしてくれることをどう伝えるか

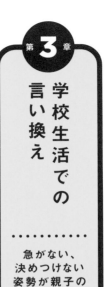

第3章 学校生活での言い換え

急がない、決めつけない姿勢が親子の信頼感をつくる

第4章

生活習慣での言い換え

親の「当たり前」を子どもに押しつけない

第5章

親子の信頼についての言い換え

「自ら道を切り開ける人間」にするのが子育ての目標

第1章

出てくる言葉が自然に変わる5つのポイント

子どもへの愛情を
いい方向に向けてあげる

「頭のいい子」の核心とは

頭のいい子になってほしい――。

情報社会の今、ますます多くの親が「頭のいい子」を願っているように私は実感しています。この本のタイトルに「頭のよさを引き出す」と入れたのも、多くの親御さんの関心に応えたいと思ったからです。

では、「頭がいい」とはどういうことでしょうか？

勉強ができること？

それだけでないことは、この本を手にとったみなさんならもうおわかりですよね。今から30年ほど前、つまりみなさんが子どもだったころは、おそらく「頭のいい人＝勉強ができる人」という単純明快な図式でした。テストでいい点を取って、いい大学へ進学すれば一流企業に就職でき、一生豊かな暮らしが保証される。そう信じられていた時代には、人より多くの知識を持ち、人より早く、正確に答えを出せる人が優秀な人材とされ、「頭のいい人」と言われていました。将来の幸せの切符を手に入れるのに、いちばん効力があったのが「学歴」だったのです。

しかし、それから社会の仕組みは大きく変わりました。ＩＴ化やグローバル化が急速に進み、世界中の人たちと一緒に仕事をするようになりました。スピードと正確さが求められる処理的な仕事はＡＩのほうが優れていますし、英語はもはやできて当たり前とも言われる現在、学校の勉強だけができても重宝されなくなってしまったのです。

また、ＳＮＳの発達によって、今は誰でも自分の意見や感性を世界に発信することができます。小学生がなりたい職業の第１位が３年連続ユーチューバー（２０２２年・ベネッセ調査）であることからもわかるように、今は組織に属さなくても収入を得ることはできるし、いろいろな道を選ぶことができるようになりました。

そんななかで見直されるようになったのが「自分らしさ」です。これからの時代に必要なのは、「自分にしかない強み」を持つこと。**誰にも負けない得意分野と熱意があれば、学歴エリートでなくても人生を切り拓いていける社会になったのです。**そうなると、子育てで親がすべきことも変わってきます。

私が考える現在の「頭のいい人」の核心とは、「本人が持っている資質を活用しながら、自分らしく幸福な人生を歩む力を持っていること」です。自分らしさを生かして幸せに生きていけるのが「頭のいい人」だと思うのです。ここで大切なのは、「幸福な人生を歩む力」があるかどうかです。

とはいえ、早期学習や中学受験などへの教育熱は高まる一方で、「そうはいっても、勉強は『頭のいい子』の一番大事な条件じゃない？」と考える親御さんは多いことでしょう。

勉強はもちろん大事です。でも多くの場合、インプット学習やペーパー学習は知識や情報を得るという最初の段階にしか効果を及ぼしていません。それなのに、テストの点数や偏差値といった日本（の一部）でしか通用しない価値観で、「この子は頭がいい・悪い」と判断してしまうところに日本の子育てにおける多くの間違いが生じてきたのです。

実際は、得られた知識をどう使うかであったり、自分でこれを解決していきたいという意欲だったり、自分に合ったスタイルややり方を見つけることだったり、いろいろな要素によって「頭のいい人」は生まれていきます。

親が子どもに学習機会を与えるのも大事なことですが、**お子さんが持っている素敵なもの（＝その子ならではの良さ）に親が言葉の光を当て、本人に自分の強みを気づかせてあげるほうが**、お子さんにとっての大きな力になります。つまり、親から渡された言葉が「自分らしさ」のベースになっていくのです。

言葉を変えるだけでは子どもに届かない

子育てに限らず、世の中には言葉の言い換えに関する本がたくさんあります。読んでみると、たしかに言っていることは正しく感じる。でも、いざその場面で本の通りに言葉を言い換えてみたものの、お互い何か腑に落ちなくて上手くいかなかった……。そんな経験をしたことはありませんか？　**上辺の言葉だけを繕ったところで、心が伴っていなければ人間関係の根本は変化させられない**のですね。

本書では、まずなぜ親である自分が子どものことでイライラ、モヤモヤしてしまうのかというところから掘り下げていきます。そうすることで、「自分が本当に望んでいることは何か」をはっきりつかんでいただきたいからです。

多くの場合、それは大切なお子さんの将来を思っての深い愛情であったり、期待であったりするのですが、その思いと伝え方とがずれていたことに気づけるでしょう。

すると、次に同じような状況になっても、以前とは違う「子どもに届けたい言葉」を渡してあげられるようになります。ただ言い換えるのではなく、ムリなく自然に出てくるというのがポイントです。

お子さんの力を伸ばしていくうえで、ぜひ知っていただきたい声かけのポイントは次の5つです。

子どもに届く親の声かけ・5つのポイント

❶ポジティブな言葉で明るい未来をイメージさせる

❷〝ネガティブ言葉〟が出るときは自分自身を見つめる

❸結果だけで子どもの能力を決めつけない

❹親の都合だけで子どもを急がせない

❺まわりからの情報に左右される〝与えすぎ〟の教育に要注意

次のページから詳しく説明していきましょう。

ポイント

1

ポジティブな言葉で明るい未来をイメージさせる

子どもは親から渡された言葉で自分を知る

今の時代の「頭のいい人」は、自分の強みを知っていて、それをうまく発揮できている人だと説明しました。でも、自分の強みがいったい何なのか、よくわからないという人もいます。人のことはよく見えるのに、自分のことになるとよくわからない。これは自己分析ができていないという話ではなく、自分のことを自分でわかるのは難しいからです。

では、**どうやって自分を知るかというと、まわりから渡される言葉で気づく**のです。特に人間関係がまだごく一部に限られている子どもは、親の言葉から自分を知ることになります。だとしたら、親はこれからの時代を生きる子どもに、できるだけポジティブな言葉をかけてあげたいですよね。

たとえば、お子さんがサッカーよりテニスをしているときのほうが楽しそうに見えたとします。親が見たありのままの姿を子どもに伝えるとしたら、「あなたはサッカーよりテニスが好きなのね」となりますが、これはちょっと惜しい伝え方。子どもの力を上手に伸ばす親御さんなら、これにもうひと工夫します。

「あなたはみんなと一緒にやるスポーツより、ひとりで深めるスポーツのほうが好きなのかもしれないね」

いかがでしょう？　ほんの少し言葉を加えてあげるだけで、受け取る側の解釈の幅がグンと広がりますよね。「僕はサッカーよりテニスが好き」で終わってしまうか、「あ、そうか、たしかに僕はみんなと一緒に何かをするより、ひとりで深め探究することのほうが好きなのかもしれないな」と感覚的に気づかせてあげられるか。まわりから渡される言葉で自分を知るとは、こういうことなのです。

自分を知ると、自分に合ったスタイルで力を伸ばしていけます。たとえば学習では、みんなと一緒より、ひとり静かな場所で勉強したほうが集中できる。集団塾でも仲間と競い合うより、自分の目標に向けてコツコツ取り組む方ががんばれる。

これはどちらのタイプがいい、悪いではなく、**自分のタイプを知っておくことで、自分**

に合ったがんばり方ができるということです。本人に合ったスタイルを知っておくと、学習効果も上がりやすくなります。それを知らないと、がんばっているのに思うような成果が出せないことがあります。これはもったいない。そこで、子どもの特性に合った学び方については、第2章で詳しく説明します。

親の言葉は子ども自身を映す鏡

親から渡される言葉は、子どもの将来の生き方や仕事の選択にも影響を与えます。今のおじいちゃん、おばあちゃん、またはそれより上の世代の話になりますが、少し昔は勉強が得意な子がいると「末は博士か大臣か」なんて言葉が使われていました。今ではちょっと時代錯誤な感じがしますが、実はこれにもすごく大きな意味があります。「こんなに賢いのだから、この子は将来、総理大臣か博士になるにちがいない」と、職業というわかりやすい形でその子に自分の良さを教えてあげているのです。

この言葉を受けた子どもは、「そうか、僕は頭を使うことが得意なんだな。世の中のことを考えたり、何かを研究したりする仕事に向いてるのかも」と、なんとなく将来の自分をイメージできるようになります。

このように、親から見た「ありのままの子どもの姿」に「ポジティブな言葉」をひと声添えてあげると、明るい未来のイメージを渡すことができます。

「あなたは細かいところに気がつける人だから、お医者さんとかエンジニアに向いてるかもしれないね」

「あなたは初めて行くところでもへっちゃらだから、将来はどこかの外国で暮らしているかもしれないね」

など、いろいろな伝え方ができそうです。

ただ、ここで一つ気をつけなければいけないのが、**親の願望を押しつけない**ということ。伝えるのはあくまで親から見た子どものありのままの姿、そこから連想できる将来の姿です。まずは「あなたの今の姿はこんな感じだよ」とその子の特徴を伝えてあげて、次に将来の選択肢という知恵を教えてあげる。「○○になりなさいよ」ではなく、「○○になるかもね」という表現になります。ちょっとした違いなのですが、伝えたいのは「選ぶのはあなただよ」というメッセージです。

ここまで読んでもうお気づきかと思いますが、大事なのは将来何になるかではなく、「あなたの良さはこんなところ。だから、そこを発揮していけばいいんだよ」と、**その子が持っている強みを伝えてあげる**ことです。

お子さんがそれぞれ持っている素敵な力を見つけ、それに対して言葉という光を当ててあげることで、自分のことを知るチャンスを渡してあげる。親の言葉は、子どもにとって自分を映し出す鏡のようなものなのです。

子どもに響く
親の声かけ
ポイント

…❶…

親の願望を交えず、ありのままの姿を伝えてあげる

あなたはなんでもよく観察できるから博士になれそうね！
きみは一つ一つ丁寧に積み上げることが得意なんだね
へぇーーボクってこんなに色々
色んな人からもらったコトバ
良いところがあるんだ…
選ぶのは子ども自身
研究者
ボクはこれに決めた!!
ジャーン
おおーっいいね！
パチパチ

ポイント

2

〝ネガティブ言葉〟が出るときは自分自身を見つめる

子どもに〝自分が受けてきた言葉〟をぶつけていませんか？

わが子の素敵なところを見つけ、そこに言葉の光を当てる。これができるようになると、子どもはどんどん自信を持ち、自分の強みを伸ばしていきます。

ところが、「わが子の素敵なところを見つける」という最初のステップでつまずいてしまう親御さんは少なくありません。ほかの子のいいところはすぐに見つけられるのに、**わが子となるとどうしても厳しめに見てしまう**のです。

あるのんびり屋の男の子がいました。その日は、図工の授業参観で凧をつくることになっていたのですが、ほかの子はどんどんつくっていくなか、その子だけ時間がかかっていました。お母さんは、「どうしてもっと早くできないのかしら」とイライラ、モヤモヤ……。

結局、その子だけが完成できずに終わってしまいました。でも、あとで完成したものを見ると、とても素敵な爪が出来上がっていたのです。マイペースではあるけど、けっして不器用ではなかったのですね。むしろ、物事にじっくり取り組むことができるという強みを持っていたのです。

お母さんがそこに気づくことができれば、**「あなたはやると決めたら最後まであきらめずにがんばれる子なのね。将来、大物になりそうで楽しみだわ」**といったポジティブな言葉をかけてあげられそうです。そんな言葉をもらった男の子も、自信がわいてくる体験として爪作りが記憶に残ることでしょう。

でも、なかにはどうしてもネガティブ言葉ばかりが出てきてしまう親御さんがいます。なぜでしょう？

大手進学塾での中学受験の指導からはじまって、２０００年に設立した中学受験専門の個別指導塾では６０００組を超えるご家族と面談するなど、これまで私はたくさんのご家庭と関わってきました。

今は塾の運営からは退き、子育て中の親御さんたちへ幼児期から小学生にかけての親子関係や、学ぶ力の育て方についてのヒントを講演や書籍でお伝えしています。その際に多くの親御さんから聞こえてくるのが、「子どものいいところを見つけてあげられない」「いつも叱ってばかりいる」といった子育てに関するお悩みです。

このようなご相談を受けたとき、私はまず親御さん自身の話をよく聞くようにしています。どんなご家庭で育ち、どんな言葉をよく言われていたか。どんなときにほめられて、どんなときに叱られていたか、などなど。

すると、はじめは「えっ、私のことですか？　もうずいぶん前のことなので覚えてませんよ」とおっしゃるのですが、次第にふと昔を思い出し、「そういえば、こんなことがあった」「あんなこともあった」とポツリポツリと語り出してくれます。

そして聞いていくと、ネガティブ言葉を口にしてしまう人の多くが、自分も子どものころ親から否定的な言葉を受け続けていたことに気づくのです。


「早くしなさい！」

「お姉ちゃんはできるのに、なんであなたはできないの？」


わけもなく急かされたり、きょうだいと比べられたりした。明確に覚えている言葉はないけど、お父さんが厳しかったからいつも顔色をうかがっていた。両親の喧嘩が絶えず、親に甘えられなかった、などなど。

いろいろなケースはあるものの、共通して言えるのは、親から受けた言葉や態度で知らず知らずのうちに傷ついていたということです。

「自分自身が否定的な言葉で育てられてきたのに、わが子には『いいところを見つけて、ポジティブな言葉をかけてあげて』と言われても、心がついていかない。だって、私自身がそう育てられていないんだから……」。これが本音だと思います。

では、子どものころに親から否定的な言葉を受けてきた人は、わが子にポジティブな言葉をかけてあげられないのかというと、もちろんそんなことはありません。ただし、子どもに届けたい言葉を自然と渡せるようになるには、**親御さん自身が自分と向き合う必要があります。**

これまでの自分のがんばりを認めてあげる

講演やセミナーのほかに、私は子育て中の親御さんにマンツーマンでのコーチングを行う「本気の見守る子育て講座」を開催しています。コーチングですから、こちらがあれこれアドバイスをすることが主眼ではありません。私がやるのは親御さん自身の思いや悩みに耳を傾け、そのなかで出てきた言葉に光を当てるだけ。子どもたちにするのと同じで、言葉の力で自分のいいところに気づくお手伝いをしているにすぎません。

あるお母さんのお話です。

その方は共働きでしたが人づき合いがあまり得意ではなく、ひとりで子育ての悩みを抱えていました。子育てにも自分自身にも自信がなさそうで、のんびり屋の息子さんにいつも「早くしなさい！」「なんでできないの？」などのネガティブな言葉をかけてしまう自分を責めていたのです。

話を聞くと、お母さん自身も子どものころ、「ちゃんとしなさい！」と親から口うるさく言われていたそうです。その影響もあってか、何事に対してもキチッとやることが体に染みついていると言います。

その話を聞いて、私はこうお尋ねしました。

「○○さんは自分の納得のいくまでやりきることが得意なんですね。お仕事でも、任されたことは必ず達成するって信頼されているんじゃないですか？」

すると、「たしかに上司からはそう評価されてます。先日も『いつも資料がわかりやすくまとまっていて助かる』って言われました」と笑顔を交えて答えてくれたのです。

そのとき、このお母さんの持ち味はここにあると確信しました。

「お母さんからすると、息子さんはのんびり屋で頼りなく見えるかもしれませんが、自分と似た部分があると感じるからこそ、『ちゃんと完成させないとイヤだ』という不満が出てしまうのかもしれませんね。ご自分と同じように、『この子は仕上げると決めたらきちんとやり切れる力がある』と信じてあげられたら、できないことに目が行くのではなく、『あなたならできるよ、がんばって』と言ってあげられるのではないでしょうか」

　後日、お母さんから報告がありました。

「以前だったら『これじゃもう間に合わない』『早くしなさい！』とイライラしていたのが、『あとどのくらいかかりそう？』と子どものペースを考えてあげられるようになりました。そうしたら、あの子が今までにないくらい集中してがんばる様子を見せてくれたんです！」。

自分自身の強みを知ったことで、子どもに渡す言葉にも変化が起きた。するとお子さんの方もまた新しい姿を見せてくれたのですね。

　子どものことをつい否定的に言ってしまいがちな人の多くは、「親を安心させよう」「親の期待に応えよう」と、子どものころからがんばり続けてきました。がんばって期待に応えてきた親御さんは、「自分と同じようにがんばらないと、この子は将来困るのではないか」と不安になってしまうのです。その不安が「早くしなさい！」「ちゃんとやりなさい！」といったネガティブ言葉として表れ、お子さんのありのままのいいところに気づきにくくさせてしまうのです。

わが子のいいところを見つけるには、まずは自分の良さに気づくこと。厳しく言ってしまいがちという短所は、裏を返せば何事に対してもきちんとしているという長所でもあります。まずは親御さんが自身自分の強みを知り、「私にもこんないいところがあるじゃない」と自信を持つことが大切です。

自分のいいところがわかってくると、子どものいいところを見つけるのも上手になります。子育てがうまくいかないなと感じたときこそ、自分自身を見つめてみる。自分だけでは気づきにくかったら、「お母さん（お父さん）のいいところって、どこだと思う？」と家族に聞いてみてもいいし、第三者の言葉の力を借りてみるのもいいでしょう。

子どもに響く
親の声かけ
ポイント

…❷…

自分自身を肯定できると、子どもに渡す言葉もポジティブになる

会社員時代
Aさんはいつもキッチリ仕上げてくれて助かるよ！
ありがとうございますっ
私のいいところってキッチリやり遂げられることなんだ
！
母になった今でも、私の強みはどんなこともキッチリやり遂げられるところ
あなたもママに似てやると決めたら最後までキチンとやりきる力があるんだね！
で、あとどのくらいかかりそうかな？
♪
うんとねあとハートつけて羽も生やしてピンクにぬって穴をあけてーキラキラさせたら完成だョ
お、おう…
OK

ポイント

3

結果だけで子どもの能力を決めつけない

うまくいかないときは、何があったのか探ってあげる

・いつも宿題をなかなか始めようとしない
・テストでいい点が取れない
・小学校の成績表がいまひとつ

お子さんのこのような状況を見て、「この子は勉強が苦手なのかな」「このままずっと勉強ができなかったら、どうしよう」と、不安や焦りでいっぱいになってしまう方がいるかもしれません。でも、それは早合点です。

人は何かうまくいかないことがあると、結果からその人の才能や能力を決めつけてしまいがちです。しかし、結果というのは、本人の資質や行動によって得た知識や経験などの、

さまざまな要素が組み合わされて生まれるもの。テストや試合であれば、当日のコンディションなども影響します。それなのに、結果だけを見て「この子は○○に向いていないかもしれない」と決めつけるのは、とても乱暴な話ですよね。

子どもの力を伸ばすのが上手な親御さんは、何かうまくいかなかったときに、まずわが子の「うまくいくはずの理由」を頭に浮かべます。そして、今起きたことの事情を探ります。たとえば中学受験をがんばっているお子さんが、テストで予想より低い点をとってきた。すると、**「あれ？　思っていた点数より低く出ちゃったね。何があったんだろう？」**と、まず当日のコンディションを聞き、うまく力を出せていたかどうかを確認するのです。

前の晩に寝不足だったかもしれないし、テスト中に隣の子のえんぴつの音が気になって集中できなかったかもしれません。それなら次は健康管理に気をつければいいし、音が気になるなら耳栓を使ったり周囲の音を気にしない練習をしたりすればいいだけです。

コンディションに特段の事情が見つからない場合、わかったつもりになっていたけど実は理解が足りていなかった、または努力の仕方を間違えていることが考えられます。「がんばっているのにうまくいかない」と悩んでいる子の多くは、努力の方向性がズレていることが多いのです。

そもそも、本人の心が別のことに向いていて勉強に気持ちが動いていない可能性もあります。たとえば、大好きだったサッカーを受験勉強のために本人とも相談のうえでやめたけど、実は心の底では思いが断ち切れていなくて、日に日に勉強から心が離れてしまっていた、とか。その姿だけを見て、「この子は勉強に向いていない」と決めつけては非常にもったいない。何かのきっかけで勉強に心が向かえば、力を発揮するようになります。

大事なのは子ども自身の姿をよく見て、事情を理解し、本人の力を引き出せるようベターな関わりを見つけていくことです。

ここで一つ注意しておきたいのは、**子育てで「ベスト」を求めるのはやめたほうがいい**ということです。ベストを追求すると、必然的に他の家庭の子育てと比べることに陥ってしまい、かえってわが子から目が離れていきます。わが子への昨日のかかわりより、ベターなかかわりを今日行う。自分自身とわが子の変化だけに目を向けるようにしましょう。

子どもに響く
親の声かけ
ポイント

…③…

結果ではなく、子ども自身に目を向ける

5
GOAL
苦手？向いてない？
ゴールの部分だけ見るのではなく…
ぐいーーーっと
START
5
GOAL
！
前日の雨で地面がぬかるんでて
途中でお年寄りを助けて
イテテ
走ったらお腹が痛くなっちゃって…
へぇーそんなことがあったんだ
次は対策を考えていこうか

ポイント

4

親の都合だけで子どもを急がせない

約束を守るのは意外に大変なこと

「早くしなさい！」

「何をグズグズしてるの？」

「そういえば、気がつくといつも子どもを急かせているかも……」。そんなふうに思ったことはありませんか？

勉強のときなどに子どもの手が止まっているのは、単に眠いだけ、気持ちが乗らない、やり方がわからなくて困っているなど、いろいろな理由があります。余裕があれば子どもの言い分も聞いてあげられますが、多くの場合は自分の感情を優先させてしまう。それは、子育て中の親御さんたちがとても忙しいからですね。

みなさんが子どもだったころは専業主婦家庭が多く、子育てはほぼお母さんが担っていました。今も子育ての中心は相変わらずお母さんで、「男たちよ、しっかりしようよ！」と私は大いに訴えかけているわけですが、男性意識の変化はまだ小さい。しかし、社会は共働き家庭中心へと大きく変化しました。

仕事をして、家に帰ってから夕食をつくって、子どもの宿題を見てあげて……と、お母さんの毎日は大忙し。もちろん夫婦でうまく役割分担をしていたり、家のことはお父さんが中心にやったりする家庭もありますが、多くは前者のパターンでしょう。

親が忙しいと、どうしても親の都合に子どもを従わせることになりがちです。

たとえば、宿題は夕食の前までに終わらせておくと約束したとしましょう。親としては、そのくらいは自分でやっておいてほしいと思いますよね。

しかし、子どもは気分にムラがあるし、時間の感覚がまだ身についていないところもある。予定通りにできないことのほうが圧倒的に多いのです。

それなのに、「やったか」「やらなかったか」という結果だけを見て、「またやってない！」「いつまでダラダラやっているの？」と叱ってしまう。でも、それは予定通りにいかなかった親のイライラを子どもにぶつけているにすぎません。

誰かの予定に合わせて動くというのは、実はものすごく高度なことなのです。予定通りに動けるようになるには、まずは「10分というのはこのくらいの長さだよ」「30分あるとこういうことができるね」といった感じで、時間の感覚を教えてあげる必要がある。

また、「なぜ夕食の前に宿題を終わらせなければいけないのか」を理解し、納得していることも大切。たとえば、「あなたの健康を考えると夜10時には寝させたい。すると9時までにはお風呂に入っておきたいし、8時からは○○（子どもの好きな番組）を観たいんだよね？　それなら、夕食の前に宿題を終わらせておくほうがいいと思うけど、どうかな？」と先に説明しておく。そうして、お子さんが「たしかに8時からテレビを観たいから、先に宿題を終わらせなきゃいけないんだな」と納得できたら、逆算して時間を守ろうとする意識がようやく芽生えてくるのです。

伸ばす親はいつも目の前のわが子に向き合う

時間を守らせること以前に、もっと大切なことを見落としている方が多いようです。子どもをうまく伸ばす家庭は、子どもが前へ進めないでいるようなとき、必ずこう聞きます。

「どうしたの？　何か困っているのかな？」

宿題をやった、やらなかったではなく、まず「困っている子ども」に関心を向けるのです。この子が一人で宿題ができないのは、単に知識が足りないからなのか、宿題のまとめ方がわからないのか、それとも今日学校でイヤなことがあったからなのか。親子の会話を通じて「困っている事情」を探っていきます。

両者の決定的な違いは「親の都合に合わせて物事を進めていく」か、「わが子を中心に考えていく」かです。時間が守られているかどうかにこだわりすぎていると、「できた」「できなかった」のどちらかで判断してしまいますが、常に子どもに目が向いていれば、まず「どうしたのだろう？」という問いが生まれるのです。

子どもと向き合うには時間が必要ですね。「仕事から帰って夕食づくり、片づけ、明日の準備といくつものタスクがあるなかで、子どもに向き合う時間なんて確保できない！」という人もいるでしょう。でも、子どもが前へ進めずにいるときこそ、親の目と言葉が必要なのです。

本書で紹介する「子どもに届く言葉」の多くは、「何があったんだろう？」「どこからわからなくなった？」「あとどのくらいでできそう？」などの問いかけです。「届く言葉」というと何か気が利いた言葉をかけるようなイメージがありますが、**親から渡す言葉に特別なメッセージ性はいらない**のです。

それよりも、子ども自身が自分を見つめ、考え、選択していけるような声かけ（問いかけ）が子どもを伸ばしていきます。だからこそ、親御さんには可能な範囲でできるだけ多く、お子さんと向き合う時間をつくってほしいのです。

子どもに響く
親の声かけ
ポイント

…❹…

グズグズしているのは〝できなくて困っている〟のかも

7時にはご飯を食べて
8時にはお風呂に入って
9時には寝かせたい
z z
できた?
まだ!?
イライラ
となると…
ん〜
ハッ!
いかんいかん
どうしたの?何か困ってる?
よいしょ
うん〜実はちょっとわからないところがあってね

ポイント
5

まわりからの情報に左右される〝与えすぎ〟の教育に要注意

子どもはすでに、素敵なところをたくさん持っている

ここ数年、子育てのご相談で必ずといっていいほど受けるのが、「何をやらせればウチの子は伸びますか？」という質問。これまでたくさんのご家庭と関わってきた私に、教育のプロとしての意見を期待されているのはわかるのですが、多くの場合は返事に困ってしまいます。お子さん自身の姿を見ていなければアドバイスのしようがないからです。

そういうときは、まずお子さんについてあれこれ質問をさせていただきます。お子さんとご家庭の姿がさまざまな角度で見えてきてはじめて、お子さんの特性に合ったアドバイスができるようになります。

近年、このような質問を受けるたびに感じるのが、**親御さんの多くが「正解」（効率の良さそうなもの、近道）を求めている**ということ。

子育てに関する情報を得ようとするとき、昔なら家族や親戚、あるいはごく一部の知り合いから「こうやったらいいよ」と教えてもらう程度でした。ところが、今はテレビや書物などでその道のプロがアドバイスしてくれるだけでなく、インターネットを通じて世界中の子育て情報が向こうから飛び込んできます。

さらに、子育てをしている著名人やインフルエンサーと呼ばれる人たちも、SNSで自由に情報を発信しています。こうしたもののほとんどはキラキラと輝いて見えるので、「ウチの子にもやらせてあげたい」という憧れや、「どうしよう、知らなかった……ウチもすぐ始めないと手遅れになってしまう」という焦りなど、さまざまな感情がかき立てられます。手に入る情報が増えたことで、逆に四六時中情報に追われているかのようです。

ただでさえ仕事と育児の両立で大変なのに、毎日とめどなく流れてくる情報もキャッチしなければならない。忙しいからこそ、冒頭の質問のような、短期間で成果が出る有効な方法が欲しくなるのでしょう。**情報過多が親の焦りを生み出し、与えすぎの子育てにもつながっている**ように感じています。

「小学校に入るまでにこれができていないといけない」「子どもの可能性は未知数だから、幼少期にいろいろな習い事をさせたほうがいい」「人気の大手進学塾で中学受験対策をするなら、小1のクラスから入れておかないと席が確保できない」。

真偽のわからないこうした情報に焦り、幼児期の早い段階から勉強をさせたり、一週間のスケジュールを習い事でいっぱいにしたり……。タスクの詰め込みは親の心の余裕を奪い、「早くしなさい！」「なんでまだできていないの？」と急かす言葉を増やすことにつながります。

また、親が情報に過敏になりすぎると、まわりのことばかりが気になってしまい、「○○ちゃんはできているのに、ウチの子は……」と比較するようにもなります。

こうしたネガティブ言葉を言われ続けると子どもの自信は育ちませんし、毎日のタスクをこなすだけでいっぱいいっぱいの日々では、子ども自身が持っている素敵なものも発揮できなくなるのです。

先の見えない時代にこそ「自分らしさ」が必要

何でも先回りをして、子育てに良さそうなものをあれこれと与える。子育て中の親御さんが、子どものために一生懸命になるのはなぜでしょう。

それは、ほかでもないわが子への愛情が深いからです。愛するわが子には幸せな人生を歩んでほしい。だから、子育てに良いと聞けば与えてあげたいと思うし、この機会を逃したら将来に不利になるのではないかと不安に思うのでしょう。昔のような「がんばって勉強すれば幸せがつかめる」といったわかりやすい道筋がないからこそ、「正解」を求めすぎてしまうのだと思います。

そんな親御さんたちを否定するつもりはありません。愛するお子さんのために一生懸命になる姿、いいと思います。

でも、同じエネルギーを注ぐのであれば、お子さんが本来持っている素敵なものに光を当ててみてはどうしょう。社会の仕組みが大きく変わり、これまでの「正解」が通用しなくなってきている今、親はその子にしかない「強み」を持たせてあげてほしい。

これを言い換えると、「自分軸を持つ」ということです。自分軸とは、自分はどういう人で何が好きで、何が得意なのかという自分に対する理解であり、それに基づいた判断基準のことです。自分軸があれば、人生のさまざまなことに対して、「私だったらこうする」と自分なりの基準で選択ができます。**自分の強みを生かして社会を渡っていくことこそが、先が見えない時代における「頭のいい子」**でしょう。

でも、子どもが自分で自分の強みに気がつくのはとても難しいことです。そこで親御さんの言葉が生きてくるとお伝えしてきましたが、日々のタスクに追われていては、お子さんの素敵なところを見つけられません。誰かの〝オススメ〟に惑わされるのではなく、まずは目の前にいるお子さんをしっかり見る。そして、お子さんにしかない素敵なものを見つけ、言葉にして気づかせてあげる。

「頭のいい子」を育てるためのすべての基本は、ここにあるのです。

子どもに響く
親の声かけ
ポイント

…❺…

「自分軸」があれば、社会がどんなに変化しても生き抜ける

ときどき情報にのまれて
早く始めないと〜
うちは英語とピアノと…
ね〜
いいね!
中学受験にオススメの進学塾8選
正解が何なのかわからなくなるけれど
我が子の良いところ
小さな頃から歌とダンスが大好き!
周囲を明るくするいつもニコニコ明るい笑顔
何事にも前向きにコツコツ取り組むことができる
がんばれー!
MUSUKO
LOVE
私たちは誰にも負けない我が子の応援団!!

第2章

家庭学習での言い換え

勉強が未来を照らしてくれることをどう伝えるか

子どもが自分から動くようになる言葉がある

子どもがまだ小さかったころは、やれ笑った、やれ寝返りができたと小さな成長を喜んでいられたのに、できることが増えていくにつれて「これくらいのことはできて当たり前」と思ってしまう。特に小学生になって学校の勉強が始まると、「学校の宿題はやるのが当たり前」「家庭学習は毎日やるのが当たり前」と考える親御さんは少なくありません。

「宿題はやったの？」
「毎日勉強するって約束したじゃない！」

「当たり前」と思うからこそ、できていないことにモヤモヤしたり、カッとなってしまったりする。そして「またやってないの!?」「本当に根気がないんだから……」などの、本当は言いたくない言葉を子どもに投げつけ、あとで「あんなこと言わなきゃよかった」と落ち込んでしまう。そんな日々に疲れを感じている親御さんはものすごく多いですね。

でもそれが、親として当たり前の姿なのだと思います。

幸せな人生とは、人から愛され、信頼され、自分の力でお金を稼いで生活できるようになること。そんなふうに思い描くのが普通でしょう。そして、そのすべてと学習は切り離せません。問題を解決する力があること、学ぶ力があること、言葉が使えること――。これらは、すべてが幸せな人生につながっていきます。そう思うからこそ、勉強をないがしろにしている（ように見える）わが子の姿に、「この子の将来はどうなってしまうのだろう……」と子どもの未来の幸せが崩れていくように感じる。

不安もイライラも親の愛情の証なのですから、つい心ないことを言ってしまったとしても、ご自分を責めないでください。**子どもを傷つけたと思ったら、「ごめん！ お母さん（お父さん）、さっきはちょっと言いすぎた」と素直に謝ればいいだけ**のことです。

子どもの勉強のことになると、どうしてもイライラを抑えられずに怒ってしまう……。そんな自分を責めてしまう親御さんは少なくありません。「勉強のことをとやかく言う＝教育ママ」という、昔ながらのイメージも影響しているのでしょう。

ところで、「見守る子育て」を世に広めている私は「勉強反対派」なのではないか、という誤解をときどき受けることがあります。「子どものありのままを大事にするんだから、勉強を求めるのもやめたほうがいいんですよね」と。

とんでもない！ 子どもの将来の幸せに勉強が大切であることは、疑う余地もない事実です。**子どもの幸せを願うなら、勉強にこだわるのは当たり前**なのです。

大事なのは子どもにその思いをどう伝えるかです。お互いが感情的にならずにすんで、気持ちよくすごせる言葉を選んでいく。

「ちゃんとやったの？」「〇〇しなさい！」という命令口調は子どものやる気を奪うだけでなく、親からの指示がないと動けない子にしてしまう心配もあります。子育てのゴールを「自立」と考えるのなら、子どもが自ら動けるような言葉を渡してあげたいですよね。

ここで有効なのが「問いかけ」です。

「宿題は何が出ているんだっけ？」
「今回のテスト、何点くらい取れそう？」

たとえばこんな感じです。

「えっ？　それだけで本当に自分から動けるようになるの？」と、よく言われます。

それがなるんです。

そこでこの章では、「家庭学習」の場面で起こりがちな親子の会話についてお話ししていきましょう。

ケース 01 いつまでたっても宿題を始める様子がない

本当は言いたくない言葉

早く
やりなさい！

子どもに届く言葉

宿題は何が
出てるんだっけ？

まずは、
「何をしなければいけないのか」を
思い出させましょう。

夕飯前に宿題を終わらせると約束したのにやっていない。または、いつまでもダラダラやっている……。

「早くやりなさい！」

「うるさいなぁ〜。わかってるってば！」

日々の生活でもっとも親子バトルに発展しやすい場面といえば、この「宿題をやったかどうか」ではないでしょうか。

親としては、学びの土台となる学校での勉強をおろそかにしてほしくない。一方で、「こっちは忙しいんだから、学校の宿題くらい自分でやってほしい」という親の都合もあるでしょう。仕事から急いで帰って、夕飯づくりや片づけなどやることが山積みなのに、思うように事が進まないとイライラしてしまう。これもごく自然な感情です。

とはいえ、ここでイライラの感情をぶつけてしまえば親子バトルに発展するのは目に見えています。理想的なのは、子どもが自分から宿題に取りかかり、その間に親は家のことをやっておく。そのためには強く言いたい気持ちをいったん横に置いて、子どもの気持ちに寄り添うことが解決の近道になります。

子どもに「なんとかなりそう」と思わせる

宿題を自分から始めようとしない。時間がすぎても終わっていない。このような状況のとき、大人は「できている」「できていない」で判断してしまいがちです。でも、ここではまず、〝なぜ勉強に取り組めていないのか〟に目を向けましょう。

人生経験が豊富な大人と違い、子どもは「いつ、何をしたら予定までに終わりそうだ」という見通しを立てる力がまだ育っていません。また、何かをやり遂げなければならないとき、それが無事に完了するかわからないと不安になります（大人も同じですね）。

なかなか宿題に取りかかれない子の多くは、「何から始めたらいいかわからない」「ちゃんと終わるか自信がない」という**不安を感じていて、なおさら身体が動かない**のです。

そこでポイントとなるのがセルフイメージ。「宿題が終わっている自分」をイメージさせてあげると、身体が動きやすくなります。繰り返しますが、届ける言葉は「○○しなさい！」という命令ではなく、問いかけです。

順番は次の3ステップで進めてみましょう。

❶「宿題は何が出ているんだっけ？」（対象を思い出させる）
❷「どこまでやったら終わったことになるのかな？」（取り組みの具体化）
❸「どれくらいかかりそう？」（時間と負担感の確認）

まず何の宿題が出ているのかを問い、やるべき対象を思い出させます。すると、「今日は算数と漢字のプリントが1枚ずつだよ」などと答えてくれるでしょう。「わかんなーい」という答えだったら、宿題をメモする習慣から教えてあげる必要がありますね。

次に「どこまでやれば終わったことになるか」を確認します。大人はよく「ちゃんとやりなさい」と言いますが、**「ちゃんと」というのは実はとても曖昧な言葉**なのです。

プリントを全部埋めればいいのか、丸つけまでするのか、解き直しまでするのか、取り組むべき内容を確認してください。先生から指示がないようなら、「宿題は丸つけまでしようね」「解き直しまでできているといいね」などと家庭で決めておきましょう。

最後に、それぞれの宿題を終えるのにどのくらいかかりそうか、お子さんの感覚でかまわないので答えてもらいます。たとえば「漢字は一度習った字だからすぐできる。算数は上の5問は計算だから簡単。でも、下の2問は文章題だからちょっと時間がかかるかも」と答えたとしましょう。そうしたら、「じゃあ、漢字と計算5問はすぐにできそうだから任せたよ。文章問題がもし難しかったら、一緒に考えてみよう」と伝えてあげる。そうすれば、具体的に何をどうやればいいか見通しがつきます。

宿題が終わっている自分をイメージすることで、子どもは「なんとかなりそう」と気持ちに余裕ができるし、親御さんも今日の宿題に目処がついて安心感を得られます。このように手順をイメージさせてあげると、宿題に取り組むハードルがグッと下がります。

予定を自分で選択できることは自立の第一歩

宿題の点検ができるようになったら、「算数のプリントは何分くらいでできそうかな?」と時間を意識させる問いかけをしてみましょう。「計算が12問あるうちの7問は暗算でできるから10分あればできそう。残りの5問は筆算が必要かな。間違い直しを入れたとしても30分あれば終わりそう。じゃあ、17時半からやれば大丈夫!」。

こんなふうに自分で計画が立てられるようになればしめたもの。ここまで到達するにはそれなりに時間と根気が必要ですが、一度習慣化できれば親御さんの負担は減ります。

何よりお子さんが自分の予定を自分で選択できるようになり、これは将来の自立につながっていきます。どうか気長に関わって、自分の足で前へ進める子にしてあげましょう。

ケース 02 勉強に集中していない……

本当は言いたくない言葉

しっかり
集中しなさい！
やる気あるの？

子どもに届く言葉

カードバトルを
やっているときの
あの感じで、
教科書も
読んでほしいな

「集中できている状態」を
具体的にイメージさせます。

宿題をやっているみたいだけど、ほかのことが気になって集中できていない。そんなお子さんの態度を見て、「しっかり集中しなさい！」「やる気はあるの？」と発破をかけるものの、子どもはその言葉を無視……。どこのご家庭でもあるあるの光景ですよね。

なかなか勉強に向かおうとしないわが子を見て、「この子は勉強が苦手なのかな？　嫌いなのかな？」という不安感と、だらだらと時間だけがすぎていくことへの苛立ちが混じり、ついきつい言葉やイヤミを言ってしまいたくなる。その気持ちはよくわかりますが、一つ大事なことを見落としています。

そもそも親御さんたちが思い描く「集中している状態」とは、どんな状態を指すのでしょうか？　机に向かっていればいい？　黙々と問題を解いているイメージ？　鉛筆を持つ手が止まらない様子？　このように、ひとくちに「集中する」といっても、期待する姿はさまざま。それを何の説明もせずに求めたところで、お子さんにはピンとこないでしょう。そこで、子どもがイメージしやすいように説明してあげる必要があります。

たとえば**「カードバトルをやっているときのあの感じで教科書も読んでほしいんだけど、難しいかな？」**ならどうでしょう。手持ちのカードと場のカードに真剣な目を配り、頭の中はフル回転している姿。日ごろカードバトルに熱中している子なら、「ああ、そういう感じか…！」とイメージがつくでしょう。

まずはそうやって、「集中できている状態」をイメージさせてあげます。

「やる気がない」という決めつけはNG

それでもうまくいかないときは、こう問いかけてみてください。

「お母さんには集中できていないように見えるけど、あなたはどう思う？」

まず、「集中しているかどうか」の基準はたいていの場合、親子で認識がずれているので、「私にはこう見えるけど」という言い方をしてみるのがポイント。そのうえで「あなたはどう思う？」と子ども自身の考えを聞いてみます。

そこで「大丈夫だよ、ちゃんとやっているよ」と言うのであれば少し様子を見ればいいし、「この問題が難しくてぜんぜんわからない」と返ってきたら一緒に考えてあげればいい。

「いや、実は今日こんなことがあって、ちょっと疲れてるんだよね」とがんばれない理由を教えてくれたなら、「じゃあ、少し休もうか」と言ってあげられますよね。

また、本人が「大丈夫」と言っていても、やっぱり集中できていないことがあります。

そんなときは、**「もう手が10分止まっているから、さすがにうまくいっていないように思ったんだけど」「そのページを開いたまま、さっきから動いていないみたいだけど」**など、見たままの事実を伝えてみましょう。

ここで「やる気がないんでしょう?」と勝手に子どもの内面を決めつけてしまうと、「ちゃんとやってるってば!」「やってない!」の押し問答になってしまうので要注意。

「今は勉強に気持ちが入らない」という様子が見えるなら、ここはいったん手を止めさせる。下手に強制すると、イヤな記憶が残ってあとあとに響く恐れがあります。「なんとしてでもやらせなければ!」とムリにその日に解決しようとして、勉強嫌いになってしまっては大変です。勉強はその先もずっと、ずっと続くものですから、**どうすれば取り組めるかを本人と共に見つけていくスタンス**を大事にしてください。

ケース03 勉強を教えてもなかなか理解してくれない

本当は言いたくない言葉

なんでこんな問題ができないの!

子どもに届く言葉

どこからわからなくなった?

自分がどこでつまずいているのか、
子どもはわかっていないものです。

小学校の勉強は基礎内容が中心なので、親御さんが勉強を教えているケースも多いと思います。ところが、いくら教えても理解できないと、「なんでこんな問題ができないの！」と声を荒げてしまいがち。そこには、「小学校の勉強なんて簡単なんだから、このくらいの問題が解けなくては困る」という将来への不安と、「まだやることがたくさんあるのに、いったい私はいつまでこの子の勉強につき合わなきゃならないんだろう……」という徒労感が入り交じっていることが多いようです。

ひとことで言うと、**「焦り」からくるイライラ**です。でも、苦労しているのはお子さんも同じなので、ここは少し教え方を工夫して寄り添ってあげましょう。

苦手分野も全部わからないわけではない

たとえば算数の速さの問題がわからなかったとします。速さの問題が苦手な子は多いですよね。速さの問題とわかっただけで、「ムリ！」と拒否反応を見せる子もいます。でも、本当にまったくお手上げなのかといえば、実はそんなことはありません。まずはお子さんがどこまではわかっていて、どこからわからなくなっているのかを確認する必要があります。こんな感じで会話を進めてみましょう。

「じゃあ、まず一行目から読んでいくよ。タロウくんとジロウくんがいるね。タロウくんのほうが先に出発した。タロウくんは分速60ｍで進んでいる。ジロウくんは5分後に出たんだよね。タロウくんに追いつこうと分速80ｍで進んでいるよ。ここまではわかる？」

「うん、わかる」

「じゃあ、その後、どこからわからなくなったのかな？」

「う～ん……、このあとの三行目あたりからちょっと難しく感じる」

「そうなんだね。じゃあ、この問題は何を聞かれているかはわかるかな？」

「ジロウくんがタロウくんに追いつく時間？」

「あれれ？　そうかな？　問題をもう一度よく読んでみてごらん」

「あ、タロウくんが出発してから何分後にジロウくんが追いつくかだ」

「そうだね。こういう問題のときは、何を使うといいんだっけ？」

「線分図……？　でも僕、線分図の書き方がよくわからないんだよね……」

「ああ、そうか。線分図の書き方がよくわからなかったんだね。じゃあ教えてあげる」


いかがでしょう。こうして一つひとつ丁寧に確認してあげると、何がわかっていて何がわからないのかが見えてきます。このお子さんの場合は、問題を丁寧に読めば理解はできるけど、線分図の書き方があやふやで苦手意識をもってしまっているとわかりました。苦手ポイントがわかったら、あとはそこを詳しく教えてあげればいいだけです。

なぜここまで丁寧につき合うのかといえば、「あなたはまったくお手上げというわけではないよね」「できること、わかることもあるよね」という感覚を持たせるためです。

もう一つ大事なのは、「この問題は何について聞かれているのかな？」「あと何がわかれば解けるだろう？」と、自問自答しながら読み進めていく習慣が身につくことです。文字をただ目で追うのとポイントを押さえながら読むのとでは、同じ「読む」でも大違い。

授業の聞き方も同じです。先生の話をただ聞いているだけでは頭に入ってきませんが、

ポイントをつかみながら聞く姿勢が身につくと勉強が得意な子になります。

ケース04 子どもが「なんで勉強しなきゃいけないの？」と聞いてきた

本当は言いたくない言葉

へりくつを言わないの！大人になればわかるよ

子どもに届く言葉

幸せに生きてほしいからだよ。それには勉強が絶対に必要で、勉強なしに幸せな人生なんてあり得ないからね

どんな分野でも勉強が大切なことを、
自信を持って当たり前のように
伝えましょう。

子どもが「なんで勉強をしなきゃいけないの？」と聞いてきたら、みなさんはどう答えますか？　「つべこべ言わずに勉強しなさい！」「へりくつを言わないの！」と突き放したり、「まぁ、大人になればわかるよ」と言葉を濁してみたり……。

実は親もいまひとつわかっていなくて、「聞かれても困る」というのが本音ということもあります。また、親御さん自身が「勉強はイヤなもの」「ガマンしてやるしかない」と思っているため、上手く答えられないこともあるようです。

私なら、こんな答え方をします。

「それはね、○○（子どもの名前）に幸せに生きてほしいからだよ。それには勉強が絶対に必要で、勉強なしに幸せな人生なんてあり得ないからね」

まずはこう断言してしまうのです。

「ただし、勉強というのは、学校の勉強だけじゃないよ。人の話を聞くことも、野球のバッティングを習うことも、仕事を覚えることもみんな勉強。だから、人はずーっと勉強し続けるんだよ。学校の勉強は、学びの土台をつくるものだからとても大事。土台をつくるから、学べることを増やしていけるんだね」

学校の勉強を通して学ぶ力をつくっているということ、それが幸せな人生につながっていくことをはっきり伝えてあげます。

「なんで勉強するか？　楽しい人生を送るためだよね」としれっと答えてもいいでしょう。

または、**「勉強ができる側にまわったほうが、人生楽しそうな気がしない？」**と逆質問してみるのもいいと思います。子どもが「なんで勉強をしなきゃいけないの？」という質問をしてくるときは、たいてい勉強を苦手に感じていたり、つまらないと思っていたりするからです。

だから逆に「できる側にまわってみたらどうかな？」と想像させてみる。「勉強ができるとクラスメイトから信頼されそう」「いろんなことにチャレンジできそう」とか、「英語が話せると外国人の友だちができそう」というように、**「できたら」の後に広がる楽しい展開を具体的にイメージできれば、勉強への抵抗感も和らいでいきます。**

こうしたやり取りでは一貫して、「勉強をするのは当たり前のこと」というニュアンスで伝えるのがポイントです。

すべてのことは学びにつながる

もう一つ大事なのは、勉強だけを特別視しないことです。たとえば今、お子さんがサッカーに夢中で、勉強より練習をしたがっていたとします。このように強い目的意識がある場合は、「すごいね、そんなにサッカーがしたいんだね」と、お子さんの気持ちをまずは受け止めます。それから「リフティングを上手に続けるコツを教えてよ」とか、「好きなサッカーを、これからどうやってもっと上達させていけばいいと思う?」と、学校の勉強と同じようなスタンスで問いかける。「何事も学び」というメッセージを渡すわけです。

多くの大人たちは、「勉強」というと机に向かって問題をひたすら解くとか、参考書を読むとか、なぜかものすごく狭い見方をしてしまいがちです。でも、**サッカーも虫とりも料理も、どんなこともすべてが学び**。学ぶことの楽しさは、わからないことがわかるようになったり、できなかったことができるようになったりすることです。

つまり、本来はとても楽しいことなのです。それを大人が「できる・できない」で評価したり、「勉強って大変だよね」と特別視したりするから別物のようになってしまうのです。もっと大きな視点で、「学び」について親子で話し合えたらいいですね。

ケース 05 「算数を勉強する意味ってなに？」って聞かれたら

本当は言いたくない言葉

つべこべ言わずに
勉強しなさい！

子どもに届く言葉

たしかに
何だろうね？
一緒に調べて
みよう

「頭の使い方の訓練」だと
説明するのも一つの手です。

「なんで勉強しなきゃいけないの？」と似た質問に、「算数を勉強する意味ってなに？」というものがあります。

こういう質問をぶつけてくる子は算数に苦手意識を持っていたり、すでに嫌いになっていたりします。この質問に対して、「つべこべ言わずに勉強しなさい！」と跳ね返してしまう親御さんの中には、子どものころ自分も算数が嫌いだったという方が多いそうです。「こんな質問、私にされても困る……」というのが本音かもしれません。

子どもの質問にうまく答えられない場合、**「たしかに何だろう？　一緒に調べてみようか」**でいいのです。**親だからといって、何でも正解を渡す必要はありません。**

算数という科目を簡単にまとめると、「身の回りの生活の事柄を抽象化、要約してまとめるための訓練」です。いろいろな事柄や条件の中から、ポイントをつかんで内容を整理し、それを数字化したり、抽象化したりしていきます。文章題一つをとっても、日常に起きる出来事を式に置きかえるという訓練をしています。つまり、頭を上手く使えるようになるために必須の科目なのです。

なので、子どもが「算数を勉強する意味ってなに？」と聞いてきたら、**「頭の使い方の訓練になるんだよ。大人になって頭がいい人でいるためには、算数の力が絶対に必要だね」**と答えてあげてもいいでしょう。

目の前の数字に一喜一憂しない

では、他の科目はどうでしょう。

簡単にまとめると、次のようにいえます。

【国語】……内容理解のために必要な科目。「読む」「書く」「伝える」という学びの土台を育てる。

【社会】……人間社会を理解するための科目。地理では地形や風土に基づく人々の営み、歴史では過去と現在の人間のありかた、公民では人間社会の仕組みを学ぶ。

【理科】……自然科学を理解するための科目。科学的思考を育てる。

社会と理科は人生の選択肢を見つけていくときにカギとなる科目です。政治、経済、社会福祉、情報、生物、物理、地学、科学などなど、将来取り組んでいく仕事や興味のある分野を見つけるのに、社会や理科で学んだことがきっかけになることが多いからです。

ところが、多くの大人たちはテストの点数や偏差値といった目の前の数字に目を光らせてばかりで、これらの学びが子どもの10年後、20年後につながっていくことを伝えてあげられていません。だから、子どもたちは「勉強はつまらないもの」「イヤなもの」と感じて、「なんで勉強をしなきゃいけないの？」「算数を勉強する意味ってなに？」という質問をしてしまうのです。

もっとも理想的なのは、子どもたちがこんな質問をしなくてすむことです。

「これはテストに出るから覚えておくこと」「この問題を解くときはこの公式を使うこと」といった勉強の指示ばかりでは、子どもの意欲を育むことはできません。

学ぶことで子どもが何を得ているのか、どんな可能性が広がるのかを、親御さんは日々考え、言葉にして伝えてあげたいですね。

ケース 06

考えてばかりで、先に進んでないみたい

本当は言いたくない言葉

まだわからないの？

子どもに届く言葉

あとどのくらいでできそう？

考えているように見えて、
「悩んでいるだけ」ということも。

机に向かっているのはいいけど、さっきから同じ問題をずっとやっている。思わず、「まだわからないの？」「いったいいつまで考えているの？」と言ってしまった……。

子どもの勉強のペースにイライラ言葉が出てしまうのは、「こんな調子で大丈夫？」という不安と、「このままでは時間だけがすぎていって、あとで私にしわ寄せがきそう」という親側の予感があるからですね。

子どもの動きが止まっていると、「やる気がない」「さぼっている」と思いがちです。でも、本人はわからなくて困っているのかもしれない。それなのに一方的に責めてしまうと、「いつまでもわからない僕は、勉強ができないんだ……」という思いを強化しかねません。自己防衛で、わからないことや上手くいかないことから目を背けるクセがついてしまうという怖さもあります。

ですから、まずお子さんが**「考えている」**のか、**「悩んでいる」**のかを確認してあげる必要があります。

「考える」とは筋道を立てて頭を働かせること

「もっとちゃんと考えなさい！」

「少し考えたら、この答えではおかしいってわかるでしょ？」

思わず言ってしまいがちな言葉ですよね。でも、「考える」ってそもそもどういうことなのでしょうか。実は多くの子どもは、「考える」とはどういうことなのかをわかっていません。頭を抱えて「う〜ん、う〜ん」となっているのを考えることだと思っている子は少なくないのです。

「考える」とは、知識や経験などに基づいて、筋道を立てて頭を働かせること。自分がもっている情報をどう組み合わせれば方針が見えてくるか（問題解決できるか）、あれこれ試している状態をいいます。

それに対して「悩んでいる」は、ただただわからずに困っている状態。両者の違いは何かというと、見通しが立っているかどうかです。見通しは立っているけど、あと一歩で答えが出せずに時間がかかっているというならいいのですが、ただ困っている状態なら別のアプローチが必要になります。

そこで、こう聞いてみてください。

「あとどのくらいでできそう？」

これは「早くやりなさいよ！」とせっついているのではなく、見通しがたっているかどうかの確認です。それに対して、「あと10分あれば大丈夫！」と具体的な数字が返ってきたら、見通しが立っている証拠。ひとまず「考えている」と判断していいので、ここは本人の力に任せましょう。

「そんなのわからないよ」と返ってきたら、おそらく困っています。その場合は、62ページで説明した「勉強を教えてもなかなか理解できない」ときと同じアプローチで、「どこからわからなくなった？」と聞いてみます。そして、「わかっていること」と「わからないこと」を明確にして、「わからないこと」は教えてあげるといった具体的な手助けが必要になります。

子どもにとって、**わからなくて困っているときに、「早く終わらせなさい！」「まだわからないの？」と責め立てられることほどイヤなものはありません。**

なかなか次に進めない場合は、まずは「考えている」のか「悩んでいるのか」を確認する。そして、考えているなら少し待ち、悩んでいるなら手助けをする。このアプローチを親御さんが知っておけば、イライラ言葉はぐっと少なくなります。

ケース 07 モチベーションアップにご褒美を与えても大丈夫？

思わず言ってしまいがちな言葉

100点取ったら
○○を買ってあげる

子どもに届く言葉

がんばったから
100点が取れて
良かったね！
約束通り○○を
買ってあげるね

結果ではなく、「がんばったこと」に
注目して声をかけます。

自分から進んで勉強をはじめてくれたら――。親なら誰でも願うことですが、現実は理想とはほど遠い。そんなとき、苦肉の策として使いたくなるのが「ご褒美作戦」です。

「子どもの勉強をモノで釣ってもいいの？」と心配される親御さんもいらっしゃるでしょう。実際、私のところにも「やる気を出させるために、ご褒美を与えてもいいでしょうか？」というご相談をよくいただきます。

結論から言うと、ご褒美作戦は**やる気につなげる第一歩として、限定的に使うぶんには有効ですが、繰り返すとマイナス効果のほうが大きくなります。**ご褒美を得ることが目的になってしまい、自分で学びを得て成長するという勉強本来の喜びを味わえなくなってしまうからです。長期的に見て、「成長しない子育て」になってしまう危険があります。

ご褒美作戦は、なかなか勉強に気持ちが入らない子のやる気向上のとっかかりとして使うだけにして、動き出した後はがんばる気持ちをほめて育てるのがセオリーです。

ご褒美をあげるときには、渡す言葉にも気をつけてください。

作戦が功を奏して、お子さんがテストで１００点を取ってきたとしましょう。このとき、「１００点だったから、約束通り○○を買ってあげるね」という言い方をしてしまいがちですが、そこにもう一声加えていただきたいのです。たとえばこんな感じです。

「今回は本当によくがんばったね。ドリルの問題も最後まであきらめずにやったもんね。約束通り○○を買ってあげるね」

両者は何か違うのかというと、「やったらできる」というメッセージを渡してあげているかどうか。ここで、「あなたはがんばれば100点だって取れる子なんだよ。この調子で次もがんばろうね」という言外のメッセージがあると、「そうか、わたしはやればできるんだ」と自信を持つことができ、モチベーションアップにつながっていきます。

この声かけを意識していれば、もし100点が取れなかった場合でも、「できなかった」と切り捨てるのではなく、**「今回は惜しかったけれど、90点まで取れるようになったんだね。前回より伸びているのは確かだから、この調子でがんばろうね」**と励ませます。「100点が取れなくても、お母さんはあなたががんばっているのは知ってるよ」というメッセージが伝わるので、お子さんも「がんばったから、できることが増えた」と自分の成長を実感できるようになります。

この**達成感こそがやる気の源**になるのです。これをくり返すとお子さんの達成感が刺激されて、「ご褒美をもらえること」より「できることが増えていくこと」に喜びを感じ、ご褒美があってもなくてもがんばれるようになります。

ケース 08 テストではがんばっていい点を取ってほしい

思わず言ってしまいがちな言葉

がんばって100点を取るのよ!

子どもに届く言葉

100点を取りたいよね。正直、何点くらいなら取れそう?

あとどのくらいがんばればいいのか、
具体的に伝えましょう。

大事なテストが目前に控えているとき、つい励ましのつもりで「がんばって100点を取るのよ!」なんて言ってしまうことはありませんか。本人に自信があれば「よっしゃ〜!」とそのひと声が効くこともありますが、残念ながら多くの場合は逆効果。「そんなこと言われてもなぁ〜」と困ってしまうか、「取れなかったらどうしよう……」とプレッシャーを感じてしまうでしょう。

わが子への期待と「ちゃんと勉強やっているの?」という心配な気持ち、いい点数を取らせてあげたいという祈るような思い。同じ気持ちを伝えるのなら、お子さんにプレッシャーを与えることなく、本人が自らがんばれるようになる言葉を届けたいですよね。そんなときにおすすめしたいのが次の問いかけです。

「今回は100点取りたいよね。正直、何点くらいなら取れそう?」

まず冒頭で取りたい点数を伝えます。目標とも言えますね。次に現時点では何点くらいなら取れそうか本人の気分を聞きます。たとえば「85点くらいかなぁ〜」と言ってきたら、「そうか。じゃあ、あと15点だね」と達成に必要な残りの点数だけを伝えます。「100点を取る」という大きな目標を掲げるのではなく、「あと15点だけ点数を上げればいいんだ」

とがんばる対象を絞るのがここでのポイント。

「あと15点分だけがんばればいいのか」とハードルがグンと下がることで、「それならできるかも」と思えるようになるからです。

具体的な目標を示して子どもの不安をなくす

では、別の答えが返ってきたら、どうすればいいでしょう。「何点くらいなら取れそう？」という質問に対し、子どもから返ってくる反応は主に3つです。

❶具体的な点数を言う
❷「100点！」と深く考えずに希望的、楽観的な点数を言う
❸「わからない」と答える

一つは先のように具体的な数字を言うパターン。二つ目は「大丈夫！　100点取れるって！」など、楽観的な答えが返ってくるパターン。根拠があればいいのですが、この場合は深く考えずに希望的観測を答えているだけの可能性もあります。そこで、「今回はどんな問題が出そうかな？」という質問をするのです。

「計算問題は何問くらい出そう？　どのくらいのスピードで解けば良さそう？」

と具体的にテストの内容を予想させる問いかけです。

ここでスラスラ説明してくれたら、おそらく自信がある証拠。本人に任せていいでしょう。でも、ちょっと大雑把だったり、詰めが甘いなと感じたりしたら、「じゃあもう一回、テストの範囲を確認してみようか。その方が安心だもんね」と高く見積もりすぎている部分に気づかせてあげましょう。

また、「わからない」と返ってきたら、少していねいにフォローしてあげてください。まず「前回のテストはどうだったんだっけ？」とこれまでの実績を確認します。次に「今月の勉強はどんな感じ？　わからないところはある？」と今の状態を一緒に見てあげて、「これはできているから、もう大丈夫だね」「これは難しく感じるんだね」と、できているところとできていないところを仕分けします。

すると、本人も「自分がどのくらいできるか」がわかり、漠然とした不安が消えます。そして「あと何点分がんばればいいね」と具体的な目標を示すと精神的な負担が減り、取り組みがしやすくなります。

ケース 09 テストの点が良かったのでほめたい

思わず言ってしまう言葉

わぁ100点！
すごいじゃない！

子どもに届く言葉

今回は計算を
全問きっちり
仕上げたね。
毎朝ドリルをがん
ばった成果だよ！

結果ではなく「プロセス」をほめるのが大原則です。

子どもの成績がいいと親はうれしいものです。また、「ほめる子育てがいい」という最近の風潮から、できるだけほめて伸ばそうとしている親御さんも多いことでしょう。そこで、「100点とってえらいね！」「リレーで1位、すごいね！」と親の気持ちをストレートに伝えがちです。ただし、これはほめ方としては少し惜しいところがあります。

どんなに優秀な子でも、常に100点を取り続けるのは大変なこと。調子のいいときも悪いときもあり、いつも良い結果を出せるとは限りません。結果だけをほめると、思うような結果が出なかったときにマイナスの効果を生み出してしまう危険性があります。

たとえば、敏感なお子さんだと「こんな点数ではお母さんががっかりしてしまう」「100点が取れなかったわたしはダメな子だ……」とひどく落ち込んでしまうことも。ほめて伸ばすつもりが、かえって子どもの自信を奪ってしまっては本末転倒です。

人を伸ばす「ほめポイント」は、結果ではなくプロセスが鉄則。同じいい成績を取って、「100点とってえらい！」と結果をほめられるのと、**「今回は計算を全問きっちり仕上げたね。毎朝ドリルをがんばった成果が出たね！」「字がていねいに書けたから、漢字が全問正解だったね！」**などと結果につながる行動をほめるのとでは、どちらが子どもに響くでしょう。

前者がほめているのは「100点を取れる私」ですが、後者は「100点を取れるまでがんばれる私」をほめています。同じ100点でも、受け止め方はまったく違います。

つまり、前者は90点を取った瞬間に「100点を取れる私」ではなくなってしまい、「私」という存在が消えてしまいます。それに対して、後者はずっと「またがんばれる私」なので、「次はもっとがんばろう」と気持ちを切り替えればいい。

結果だけを見て一喜一憂するのではなく、お子さんの努力の足跡やその結果を生み出す前に取り組んでいたことに目を向け、そこをたくさんほめてあげましょう。

努力は結果につながることを実感させる

これを日々続けていると、お子さんは自分からどんどんかしこくなっていきます。ほめられたことに対して、「丁寧な字を書けば、漢字テストで○の数が増えるんだな」「そうか、ちょっと面倒くさいけど、考え方を書き出したほうが整理しやすいんだな」などと気づくことができ、がんばれば結果につながると学べるからです。

また、がんばった行動を口にすることで、「お母さんはいつも忙しそうだけど、ちゃんとわたしのことを見てくれてる」と安心感を得られます。

子どもにとって、この「安心感」はとても大切。「ちょっと難しそうだけど、お母さんが見てくれているから、がんばってみよう」と、「まずはやってみよう」という気持ちになるからです。これをくり返すことで、子どものやる気がアップします。さらに、「こうすればいい結果につながる」という知恵が蓄積されるので、成績も上がってきます。

さらに大切なのが、思うような結果が出なかったときの対処です。頭ごなしの全否定にならないように、結果は結果と受け止めたうえで、**「何があったんだろうね。うまくいかなかった原因を一緒に考えてみようか」**と声をかけてあげてください。そうすれば、「うまくいかなかったのはやり方の問題で、あなたがダメだからじゃないよ」という言外のメッセージが伝わり、次に向けて背中を押してあげることができます。

ケース10 毎日勉強すると約束したのに守られていない

思わず言ってしまいがちな言葉

またできなかった
ほんとに根気が
ないんだから……

子どもに届く言葉

今からがんばって
みようよ

習慣化は簡単ではないので、
毎日の声かけで背中を
押してあげましょう。

「毎日勉強する」と約束したのに、ああだこうだと理由をつけてはやらない。簡単に約束を破る。そんなわが子を見て、「毎日勉強するって約束したじゃない！」と声を荒げたり、「ほんとに根気がないんだから」とがっかりしたり……。

約束はきちんと守ってほしい。でもそれ以上に、「良い習慣を身につけてほしい」「努力を積み重ねて成長してほしい」という親としての強い思いがあるからこそ、それができていないと不安になり、イライラやモヤモヤがわき上がってくるのですよね。

ですが、学習の習慣化は大人が考えている以上に難しいのです。これは前に触れた「集中力」の話と同じで、親子の認識がズレやすいこともありますし、一度できたからといって明日も、あさっても、その先もずっとできるというものではないからです。

大人と違い、**子どもにとっては今がいちばん大事**。目の前に楽しそうなことがあれば、そっちに気が向いてしまうのはごく自然なことです。大人のように約束だから、ルールだからと自制することはなかなかできません（僕はいまだにできません）。

根気強くつき合う覚悟と、いい意味での割りきりが必要です。

「ほめ惜しみ」をする必要はありません

前提として、子どもが毎日勉強するのは当たり前だと思わないことです。「勉強は毎日するもの」「小学校の勉強なんて簡単なんだから、このくらいさっさとやっちゃいなさいよ」と思うから、できないことに目が向き、イライラを募らせることになるのです。

親御さんとしては「当たり前」と思っていても、お子さんがきちんと約束を守ってできたときは、**「今日もできたね」「きちんと約束が守れたね」**とできたことをほめてあげてください。第4章の「生活習慣」でもふれますが、習慣化への近道は当たり前を毎日ほめることです。

これは言われてやった場合でも同じで、どんな形であれ、できたらほめてあげる。まずはそうやって「できた」実績をつくってあげるのです。すると、次第にやらないと落ち着かなくなってきます。歯みがきが嫌いな子でも、毎日親が向き合ってあげるといつしか自分でできるようになる。感覚としてはそれと同じで、すぐにできるようになる子もいれば何カ月もかかる子もいます。

一昨日はできた、昨日もできた、でも今日はできなかった。できる日が続いたと思ったら、またできなかった。そんな行きつ戻りつもあるでしょう。そんなときこそ、親御さんの声かけ技術の見せ所です。

「なんでやらなかったの？」と責めるのではなく、**「約束の時間までにできなかったのは仕方がない。でも今気づいたなら、今からやろう」**と、やり直しがきくことを伝えてあげてください。そして、約束の時間にできなかったとしても、親から言われてしぶしぶやったとしても、やったらほめる。これをくり返して、「自分はできるんだ」という思いを積み重ね、確立していくのです。

自分でできる日が増えたら、「すごい、今日も自分からできたね」とやっぱりほめる。「そんなにほめてばかりでは、子どもが調子に乗らない？」と心配される親御さんもいますが、**努力そのものをほめてマイナスになることはまずありません。**

「このくらいできて当たり前」と思わずに、子どものがんばりを認めてほめる。結果を急がずに、日々の積み重ねを応援してあげてください。

第3章

学校生活での言い換え

急がない、決めつけない姿勢が
親子の信頼感をつくる

子どもが話したいときに話してくれる〝適度な距離感〟

保育園や幼稚園ではお見送りやお迎えで先生や他の保護者と頻繁に話をできますが、小学校からはそうした機会が急に減ります。学校とのやりとりもプリントやメール配信だけで、子どもの学校での様子を知る機会は年に数回の面談や授業参観に限られます。

家での様子はわかっても、学校に行ってしまえば何も見えない。だから「授業についていけてるかしら？」「友だちと仲良くやってる？」と気になるのも無理はありません。

そこで、ついあれこれ学校の様子を聞きたくなりますが、親からの質問攻撃を浴びせられると、子どもは話すタイミングを失って口が重くなります。かといって、子ども任せで何も聞かないわけにもいきませんから、上手な聞き方と伝え方が必要になります。

理想は、子ども自らが学校について話したくなる親子関係です。話したいことがあれば、「うんうん、そんなことがあったんだね」「それは良かったね」と、子どもの話に相づちを打ち、子どもが嬉しそうにしていたら一緒に喜び、子どもが困っているようだったら一緒に考えてあげる。そんな親子関係が築けていれば、心配はぐっと減りますよね。

こうした関係はある日突然できるものではありません。幼児期のころから、子どもの話にどれくらい耳を傾けてきたか。学校に行くようになって関係性が悪くなったご家庭では、子どもの声を聞くよりも、親御さんのほうから「○○をしなさい」「○○はしちゃダメよ」と、子どもに言い聞かせてばかりいる傾向が見られます。

子育てのゴールを「自立」とするなら、**小学校は親から自立するためのスタート地点**だと言えます。子どもから目と心を離さないようにしつつ、自立を見守る。学校の様子を知りたければ、子どもが自ら話したくなるように親が質問の仕方を変えていく。

なかなか自分から話してくれないお子さんには、「どうだった？」という漠然とした問いより、「何があったの？」と出来事にスポットを当てたほうが答えやすいでしょう。話を始めたら「うん、それで？」と興味深そうに聞いてあげると、「お父さんはわたし(僕)の話を聞きたがってる」と嬉しくなり、もっと話してくれるでしょう。

このときの**コツは、お子さんの温度感に合わせること**。子どもは淡々としているのに、親の側がやたらと前のめりになると、気持ちが引いてしまって話せなくなります。

また、お子さんが困っているときは一緒に考えるスタンスで。**「あなたはどうしたいの？」**と本人の気持ちを聞く言葉をはさむようにすると、自立につながっていきます。

子どもが自ら話したくなるように、問いかける言葉や聞く姿勢をほんの少し変える。そうしたコツを、いくつかの学校生活の場面に合わせて紹介していきます。

ケース 11 学校での様子を知りたい

思わず
言ってしまう
言葉

学校はどう？

子どもが
話したくなる問い

今日の○○の授業ではどんなことをしたの？

具体的な質問をすると、
子どもが話しやすくなります。

「ウチの子は、学校でどんなふうにすごしてるんだろう?」

親なら誰でも気になります。そこでつい「学校はどう?」と聞いてしまいがちですが、実はこれ、子どもにとって非常に答えにくい質問なのです。自分が体験したことを人に伝えるには、「え〜と、今日学校で何をしたんだっけ?」「ああ、こんなことやあんなことがあった」「ああ、あのとき○○ちゃんがこんなこと言ってたかも」などと、まずはいろいろなことを頭の中で思い返します。そして記憶を整理して説明の言葉を探す。自分なりの言葉で大人が望むように答えるのは、子どもにとってなかなか難しいことなのです。

親がその事情をわかっていないと返事を待ちきれず、子どもが考えているところなのに質問をたたみかけて、気づいたら自分だけがしゃべっていた、なんてこともあります。

しかし、親御さんが質問責めにすればするほど、お子さんは「自分の体験を自分なりに整理してから人に伝える」という能力を育て損なってしまいます。子どもの様子を知りたければ、お子さんが話しやすくなるように、大人が聞き方を工夫してあげましょう。

「オウム返し」が最高の相づち

聞き方のコツは、**具体的な出来事にスポットを当てる**ということです。

「今日の体育の授業はどんなことをしたの？」
「今日の給食には何が出たの？」

すると、そのときの場面を思い出しやすくなります。場面が思い浮かぶと「今日は体育で鉄棒をやったんだよ。そしたら〇〇ちゃんがね、はじめはできなかったんだけどね……」など、そのときの様子を話し始めるでしょう。

「どう？」という質問に答えるのが難しくても、「どんなことをしたの？」「何があったの？」という質問なら、あったことをそのまま伝えるだけなので簡単ですね。

子どもが話し始めたら、「そうなんだ。〇〇ちゃん、最初はできなかったんだ」と、**子どもが話したことをオウム返しするのがポイント。**「お母さんは話をちゃんと聞いてくれてる」と感じられれば、気持ちよく続きを話してくれます。

また、ときどき「そのあと、どうなったの？」などと続きを知りたいという気持ちを伝えたり、お子さんが楽しそうに話してくれたら「へぇ〜、そうだったんだ。それはよかったね」と子どもの心に合わせた受け止めをしたりすると、話を聞いてもらうのは嬉しいことだという体験が残って、また話そうと思ってくれやすくなります。

ケース 12

友だちがいるのかどうか知りたい

思わず言ってしまう言葉

友だちはできた？

子どもが話したくなる問い

よくおしゃべりする子は誰？

どんな友だちがいるか、
親はできるだけ把握しておきます。

「ウチの子、いつも同じ子とばかり遊んでいて、友だちがあまりいないようなのですが、大丈夫でしょうか？」「やっぱり友だちはたくさんいたほうがいいですよね」

以前ほどではありませんが、友だちの数を気にされる親御さんは少なくないですね。子どものころに「一年生になったら、友だち100人できるかな～」というCMソングを耳にしてきた世代の方は特に、友だちの数にこだわってしまうように感じます。

そこで、つい「友だちはできた？」と聞いてしまうわけですが、実はこの問いも「学校はどう？」と同じくらい子どもには答えにくい質問なのです。

というのも、一度おしゃべりをしただけの子を「友だち」と思う子もいれば、おしゃべりするだけの子は「友だち」ではなく、いつも一緒に仲良くしている子だけが「友だち」だと思っている子もいる。子どもによって、「友だち」のとらえ方が違うのです。

友だちをできるだけ把握しておく

ポイントは、前項と同じように〝具体的なことがら〟を聞くことです。

「今、あなたの近くの席には誰がいるんだっけ？」

「最近、よくしゃべる子は誰？」「どんな話をするの？」

こう聞いてあげると、子どもは事実を伝えればいいだけなので、「○○ちゃんと○○ちゃんが近くにいるよ」「今日は給食のときにこんなこと話した」と話しやすくなります。親が知りたいのは「学校で子どもが友だちと仲良くしているか」ですから、「そうか、○○ちゃんたちとそんな話をしていたんだ」と知ることができれば、安心できますね。

下準備として、**お子さんの話に出てくる登場人物を知っておきましょう。**後でも触れますが、小学生の世界は家庭と学校がすべてと言っていいほど、ごく狭い範囲に限られています。したがって、子どもが困っていたり悩んでいたりすることの多くが学校の友だち関係です。もし子どもに悩みを打ち明けられたときには、「誰が」「いつ」「何をしたか」という事実関係を把握し、整理してあげることが大切になります。

クラス替えのたびに意識的に登場人物を確認しておくことは、親としての賢い知恵だと思います。登場人物を把握できるようになると、よりその場をイメージしやすくなり、「○○ちゃんって本当に面白いね」などと一緒になって盛り上がることができます。

ケース 13 子どもが何か困っているようで気になる

思わず言ってしまう言葉

どうしたの？

子どもが話したくなる問い

なんか元気がなさそうに見えるけど、どうしたの？

親の主観を示しつつ、あくまで客観的な立場で気持ちを引き出します。

学校から帰ってきた子どもが、いつもと様子が違ったり、元気なさそうに見えたりすると心配になりますよね。授業についていけないのではないか、友だちとケンカしたのではないかなど、あれこれ不安がよぎり「どうしたの？」と聞いてしまう。

しかし、「どう？」という問いかけは、子どもにとって非常に難易度が高いものでした。また、人は何かがうまくいかないと感じたとき、困っているとき、「自分ががんばればいい」「自分が我慢すればいい」と、自分の問題にしてしまうことがあります。

子どもが何か困っているように見えたら、まずは親御さんから声をかけてみましょう。その際に**「なんか今日は元気がなさそうに見えるけど、何かあったの？」**と、「お父さん（お母さん）にはそう見えた」と「何があったの？」をセットで聞くのがポイントです。

単に「どうしたの？」と聞かれただけでは答えにくく、「別に何もない」で終わってしまいがちです。でも、「お母さん（お父さん）にはこう見える」と伝えたうえで、「何があったの？」と聞いてあげると、「実はこんなことがあってね」と話しやすくなります。

「ううん、別に何もない」という返事だったとしても、やっぱりいつもと様子が違うと思った場合には、「今日はずっと教室での授業だったんだっけ？」など、具体的な時間割や出来事にスポットを当てて聞いてみると、「今日ね……」と話しやすくなります。

子どもが話をはじめたら、次は話の中身の整理を手伝ってあげましょう。**子どもの話と**

いうのは主語・述語の関係があやふやになりやすいので、「誰が」「何をしたか」を意識しながら聞くのがポイント。あやふやな状態のまま話を聞いていると、親のほうは全部わが子に起こったことのように聞こえて不安を大きくしてしまうからです。

「それはあなたがしたの？」「いやいや違う。○○ちゃんがしたんだよ」「ああ、○○ちゃんがしたのね。それで、そのときは先生がいたの？」など、話の途中でときどき登場人物を確認し、子どもが見て感じた世界を整理してあげます。

話の内容がわかると、親はつい「こうしたらいいよ」「ああしたらよかったのに」などと言いたくなりますが、先に**「あなたとしては、どうなっていたらよかったの？」**と子どもの気持ちを聞くようにしましょう。子ども自身が考えることを応援するスタンスです。

もしお子さんがどう答えていいのかわからずモヤモヤしているようなら、選択肢として「こうすればよかったかもね」と「かもね」をつけるか、「お母さんだったらこうすることが多いかな」と自分の経験を参考例として伝えるのはアリです。

最終的な選択を子どもに任せるのは、学校について親が関われることは限られていて、子どもは自分自身で人間関係を構築していかなければならないからです。上手くいかないこともあるでしょうが、それが将来にわたって役に立つ経験になります。本人が決められるように、**大人は選択肢を渡してあげるという立場を守る**ようにしましょう。

ケース 14 友だちから悪口を言われたみたい……

思わず言ってしまう言葉

そんなこと
よくあるから、
気にしなくていいよ

子どもが自信を持てる言葉

○○ちゃんも
△△だったのかも
しれないね

「誰が正しい、誰が悪い」

という決めつけをしない。

子どもが友だちから悪口を言われたようなとき、親としてどのような反応をすればいいか悩みますよね。小学生同士のやりとりなので、そこまで心配する必要はないかもしれない。でも、子どもにとってはものすごく重大なことかもしれないし、心の傷が残ってしまうのは避けたい。そのように考え、本人を励ますつもりで言ってしまいがちなのが、「そんなことよくあるから、気にしなくていいよ」などの言葉です。

でも、それで子どもの気持ちが晴れることはありません。たとえば、わが子が仲のいい友だちに「〇〇ちゃんは、先生に好かれてるもんねー」と言われたとします。ほめ言葉にも聞こえますが、お友だちの口調からすると悪口としてのニュアンスが強いようです。

前章で、人はまわりから渡された言葉で自分を知るとお伝えしました。本人にとってあまり嬉しくない言葉を受けたとき、「これではいけない」とわが身に気づかされて反省することもあれば、「わたしは先生の前でいい子ぶっているんだな。イヤな子なんだな」とセルフイメージを下げてしまうこともありえます。

今回の場合、親御さんがいちばん心配なのは、友だちから受けた言葉で子どもが深く傷つき、自信をなくしてしまうことでしょう。それを解消するための接し方をご紹介します。

●「傷つきモード」から「探究モード」へ変換する

まずはお子さんの話をしっかり聞きましょう。この場合も、主語・述語の関係があやふやにならないように、「誰が」「何をしたか」を意識しながら聞くようにします。

大事なのは、**「誰がいい、誰が悪い」というように決着をつけようとしない**ことです。どういう状況で相手の子がそう言ってきたかを把握したうえで、**「なるほど。○○ちゃんはあなたが先生にほめられてるのを見て、ちょっとうらやましかったのかもね」**とか**「○○ちゃんも同じことをやったのに、先生に気づいてもらえなくて寂しかったのかもね」**と、友だちの気持ちにスポットを当ててみます。ただ、これはあくまで親御さんが感じたことなので、「かもね」という表現にしておきます。

ここで、「ふ〜ん、そうなのかなぁ〜」と少しでも別の視点から考える様子があれば、「悪口を言われて傷ついた」というモードから、「○○ちゃんがあんなことを言ったのは、もしかして一緒にやりたかったのかなぁ」と、相手のことを考えるモードになります。こうなれば、お子さんの心に傷は残りません。

そこで、**「これから○○ちゃんとはどうなりたい？」**という問いをして、「仲良くしたい」など前向きな答えが返ってきたら、「じゃあ、そういうことは言ってほしくないって、○○ちゃんに素直に言ってもいいかもね」とか、「じゃあ、今度○○ちゃんががんばってたときは、『すごいね！』って言ってあげると喜ぶかもね」と提案をしてあげるといいですね。

ケース 15 もしかして、ウチの子いじめられてる……？

思わず言ってしまう言葉

もしかして
いじめられてるの？

子どもが話したくなる言葉

このごろ、
つらそうに見える
ときがあるけど、
何か心当たりは
ある？

「いじめ」という
直接的な言葉は使わず、
やんわりと感触を探るようにします。

けんかやもめ事などの人間関係のトラブルは、子どもの世界でも必ずあります。少しくらいのけんかならまだしも、親としていちばん心配なのは、やはり「いじめ」問題ではないでしょうか。昨今のいじめはＬＩＮＥグループで悪口を言ったり、仲間外れをしたりと、大人の目が届きにくいネット空間で起こるため、親世代が子どもだったころより陰湿で複雑になってきているのです。

いじめは誰の身にも起きる可能性がありますし、絶対に正解と言える解決策もありません。しいて言うなら、子どもがいじめに遭遇したとき、普段から親に打ち明けられるような親子関係を築いておくことが大切です。そして、親は「子どもの心を守ること」に徹しましょう。

原因究明より〝子ども本人の思い〟に耳を傾ける

子どもがいつもより元気がなさそうだと、親は「学校で何かあったのではないか？」「もしかしていじめられているのではないか？」と心配になります。

そんなときはすぐにでも話を聞きたくなりますが、「もしかしていじめられているの？」などとストレートには聞かないこと。まずは、**「このごろ、つらそうな顔をしているよう**

に見えるときがあるけど、何か心当たりはある？」というように、「親の目から見て気になることがある。だから聞かせてほしい」というスタンスから始めてみてください。

何か心に抱えているときは、「何があったの？」と聞かれても、「何」のひと言では済まない場合があります。その場合は、「心当たりはある？」や「どうしたんだろうね？」などのオープンクエスチョンでやんわり聞いたほうが、話しやすくなります。

寄りそうように問いかけたら、子どもの口から最初に出る言葉を待ちます。「いや、わたしも悪いんだけどね」と言い出すこともあれば、「○○ちゃんと△△ちゃんがね」と話を切り出すこともあるでしょう。子どもが話し始めたら、「うんうん、○○ちゃんと△△ちゃんがどうしたの？」と、子どもの言葉をオウム返ししながら話の続きを聞きます。

その際、「どんなときによくあるの？」「どこでよくあるの？」など「いつ」「どこで」「何があったか」を順番に聞いていくようにしましょう。事実を正確に把握するためです。

何が起きているのかを知るにつけ、親の心のざわざわも大きくなりますが、「じゃあ、すぐに先生に相談する」「なんでこんなことが起きたのか説明してもらうわ」などと、**原因追及や問題解決に走らない**ようにしてください。

まずは、**「あなたとしてはどうなったらいいのかな？」**と子ども本人の気持ちを聞いてあげます。みんなから距離をとりたいのか、また前のようにみんなと仲良くすごしたいのか、子どもが何を望んでいるかを聞くことが最優先です。

親としてはすぐにでも行動を起こしてあげたくなるものですが、学校ですごしているのは子ども自身なので、ここは本人の気持ちを大事にします。今すぐどうにかしてほしいわけではなく、ただモヤモヤした日々が続いているだけの場合もある。今はつらい思いをしているけど、やっぱり自分にとって大切な友だちなので、先生には伝えてほしくないという場合もある。**子どもはそれぞれの思いを抱えている**のです。

いじめの場合は問題解決型の方法より、**「早くそんな状況を変えたいね。いつまでに変えようか？　明日にでもこの状況が変わらないともうダメって感じ？　それともう少し様子を見たい？」**というように、子どもの気持ちを言い換えてあげながら、切実度合いや切迫度合いを確認してあげるやり方のほうが合っています。

もちろん、緊急性があると判断した場合はすぐ先生に相談しましょう。

ケース16 もしわが子がいじめに加担していたら……

思わず言ってしまう言葉

なんでそんなことを
したの？
ダメでしょう

子どもが話したくなる言葉

そうなったのは、
どんな事情が
あったの？

頭ごなしにしかる前に、
事情を聞いてあげましょう。

「子どもがいじめにあったらどうしよう……」と、多くの親はわが子が「いじめられる側」になったときのことを心配します。しかし、「いじめる側」になる可能性があることも忘れてはいけません。

いじめる側の中心にいる子どもは、親からの愛情を十分に感じられていなかったり、きょうだいと比べられていたり、受験勉強のストレスが溜まっていたりと、何かしらの不安やコンプレックスなどを抱え、苦しんでいることが多いもの。問題行動を起こしてしまう裏にはどんな気持ちが隠れているのか、大人が知ることで状況が変わることもあります。

また、いじめメンバーの中心ではなくても、ただ見ていたり、知らんぷりをしていたりして、本人の意思に反して加担してしまっているケースも。「もし告げ口をしたら、次はわたしがいじめられるかもしれない」という不安があるのかもしれません。

自分の子どもがいじめる側にいたと知ったときは、いきなり「なんでそんなことをしたの」と責めたり、「ダメでしょう」と頭ごなしに否定したりしないであげてください。

たいていの子は、親に言われなくても、「よくないことをした」という負い目をすでに十分感じているからです。

まずは子どもの気持ちを聞き、子どもを見守る

「自分がいじめをしてるってことには、気づいてたかな？」
「いじめてしまったのは、どんな事情があったのかな？」

まずはこんな言葉で、子どもの気持ちを聞いてみましょう。そのときに親の顔が険しくなっていると、「どうせわたしの気持ちはわかってもらえない」と心を閉ざしてしまうので、冷静な態度を心がけてください。

もし子どもがイヤイヤいじめに加担していたとしたら、「何が正しいかは、私にもわからないけど」などとクッションの言葉をはさみつつ、どうしたらいじめから一歩引くことができるのかを話し合ってみましょう。クラス内に相談ができる親御さんがいれば、連携してみるのもいいと思います。

しかし、親同士は仲が良くても子ども同士はそうでもなかったり、立場が対立したりしていることもあります。また、学校に相談をしたらかえって状況が悪化してしまうこともありえます。いじめへの対応は本当に難しい。

ですから、まずはどうすれば子どもを守れるか、どうすればその気持ちを聞いてあげられるかを、親としては最優先に考えるようにしたいですね。

近年、小学校ではいじめ問題だけでなく学級崩壊も問題視されています。

学級崩壊と聞くと、一部の問題児が先生をからかったり、授業の邪魔をしたりするというイメージがあるかもしれませんが、実際は思いのほか身近な問題なのです。

ちょっとやんちゃな子がクラスにいると、最初は「ああ、うるさくなりそうだな」くらいに思っていたのが、そのひとりの行動が2人、3人と連鎖し、気がつくとわが子も加担していた、なんてことは十分ありえます。**加担したくなくても、まわりの空気に巻き込まれてしまう可能性が十分ある**ことを親は頭に入れておいたほうがいいでしょう。

どんな状況になったとしても、親は子どもを見捨てずに守る。子どもの本当の気持ちに気づいてあげられるのも、親として子どもに伝えてあげるのも、やはり言葉の力が重要。ここでも、普段から「何でも話したくなる」親子関係を築いておくことが大切なのです。

ケース 17 子どもが学校に行きたがらない

思わず言ってしまう言葉

がんばって行かなきゃ！

子どもが話したくなる言葉

行きたくない気分なのね。いつからそういう気分になったの？

まずは、行きたくなくなった理由を探っていきます。

子どもが「学校を休みたい」と言ってきたり、実際に休むような日が続いたりすると、多くの親御さんは「このまま不登校になってしまったら」「引きこもりになったらどうしよう」と不安になり、焦ってしまいますよね。悪い方へ悪い方へと考えがいってしまうのです。そして、つい「がんばって行かなきゃ！」という言葉が口に出る。

その根底にあるのは、「このまま学校に行かなくなったら、この子の将来は閉ざされてしまう」という大きな不安だと思います。でも学校に関して言うと、「行ける・行けない」「できる・できない」というとらえ方になった時点でうまくいかなくなります。

親の知恵として、**これは「行くか・行かないか」の話であって、「できる・できない」とは違う**のだということを心に留めておきましょう。

子どもが「休みたい」と言ったときに親がするのは、「休みたい」「休んじゃダメ！」という押し問答ではなく、まずは**「そうか、今日は行きたくない気分なのか」**と気持ちを受け止め、わが子になにが起きているのかを想像することです。

風邪で一週間休んでしまったから授業についていけてないのかもしれないし、友だちとケンカして、どう謝っていいかわからなくて困っているのかもしれない。また、体育の跳び箱ができないのをクラスの子に笑われるのがイヤなのかもしれない。

まず、**「いつからそういう気分になったの？」「どんな気分になるの？」**と、行きたくなくなった時期や出来事、気分を聞いてみます。子どもなりに教えてくれたら、「そうだったんだね。話してくれてありがとう」と、まずは子どもの気持ちに共感してあげる。

それから、たとえば授業についていけなくて心配だったら、**「お母さんと一緒に教科書を読めば大丈夫」**とか、**「あなたが一週間休んで授業で抜けている部分があることは先生も知ってるから、心配しなくていいよ」**など、不安を減らす言葉を渡してあげます。

「行きたくない気分」を定着させない

一方で、「明確な理由はないけど休みたい」ということもあります。子どもなりにずっとがんばって気分的に疲れている、成長に伴う体の変化があるなど、事情はいろいろです。大人は「怠けている」と思ってしまいがちですが、体の声を聞くのはとても大事なこと。とくに真面目な子は、「学校へ行きたくないと思う自分はダメな子なんだ」と思って、自分で自分を責めてさらに苦しくなりがちなので、親の寄り添いが本当に大切です。

「そういうこともあるよね」「少し休んで元気になったら行けばいいよ」と子どもの気持ちに寄り添い、まずは安心を渡してあげるようにしましょう。

子どもが気にしていたり、イヤだなと感じていたりすることについて、「今すぐ解決しなくても大丈夫」と、焦らないことに親の愛情パワーを使いましょう。

「そうか、今日は行きたくない気分なのね。じゃあ今日は休むとして、次に行きたい気分になるのはいつぐらいかな?」「明日はどんな気分の予想?」と、親がゆったりと構えてあげたほうがいい。そうしたら「そんなのわかりっこないよ」と言いながらも、「明日はどんな気分なんだろう?」と想像が働きます。「行ってもいいな」という気分を想像することで、体も動きやすくなることを意図した問いかけです。

「行きなさい!」「行きたくない」だけの会話だと「行きたくない」気分が記憶されて、「今日も明日も行きたくない」となるものですが、少しでも「行ってもいいな」という気分が記憶に残っていると、何かの拍子にふと行こうかなとなるものです。

「いつでも戻れる」という安心感が必要

「行きたくない」と言っていたのが、お昼ぐらいになって「やっぱり行けばよかった」と言い出すこともあります。そんなときは「ほら、だから言ったじゃない!」と責めるのではなく、**「行ってもいいなという気分なのね。それはどんな感じなの?」**と聞いてあげると、「いや、なんとなく」などと答えると思います。

「そんな感じなんだね。じゃあ、明日の朝も同じ気分なら、行けばいいよね」と言ってあげると、翌日は「今日は行こうかな」とケロッとした顔で行くこともあります。

または、朝グズグズしているときに**「行ってもいいなという気分は何%くらい？」**と聞いてみるのもいいでしょう。子どもが「50%くらい」と答えたとして、「そっか、じゃあ朝ご飯の後にまた教えてね」と預けておく。次に聞いたとき「60%」に上がっていたら、**「行ってもいいなという気分が60%くらいになったし、行ってみようか」**と声をかける。

いつの間にか「行ってもいい気分」に変わっていることはめずらしくありません。

こんなまどろっこしいことをしてられない、と思う方もいるでしょう。でも、学校に行きたくない子どもの「気分」を親が深刻化してしまうと、「学校に行けない自分はダメな子だ」と自分に自信が持てなくなり、ますます殻に閉じこもってしまいます。

不登校や引きこもりの原因を一概に言うことはできませんが、ひとつ言えるのは「大丈夫だよ」「いつでも戻れるよ」と言ってもらえなかった、もしくは自分でそう思えなかった子は、戻るきっかけを失ってしまうということです。

ですから、「明日は必ず行きなさい」ではなく、**「行きたい気分になったら行ってごらん」**くらいのほうが、「今日は行ってみようかな」と、子どもが自ら立ち上がりやすくなるのです。わが子の自ら立ち上がる力を信じて、待ってあげることも大切です。

ケース 18 学校の勉強くらいはできていてほしい

思わず言ってしまう言葉

このくらい、できて当然でしょ

子どもに届く言葉

それだけの力があるなら、もう少し難しいことにもチャレンジできるね

本人の努力を認めてあげてから、さらに上に目を向けさせます。

小学校の勉強は学びの基本。「内容も簡単だし、このくらいできて当たり前」と思っている親御さんは多いと思います。安易にほめるとそれ以上やらなくなってしまうのではないかという思いもあって、「これくらいできて当然」と言ってしまいがちですね。

なかにはこの言葉を言ってもいい親子関係もあります。それは、日ごろから「あなたはいつも努力をしてがんばってるから、このくらいの勉強はできる力を持ってるね」と、子どもの努力と才能を見つけ、ポジティブな言葉を渡し続けていた場合です。

子ども自身も「僕はがんばれるから、このくらいできて当然」という自信があるので、根拠のあるプライドが育っています。そんな子には、「このくらいできて当然だね（笑）」と笑顔で言ってあげると、その言葉が応援メッセージに聞こえるのです。

それ以外の場合、「このくらいはできて当然」という言葉は使わないほうがいいでしょう。親御さんからすれば「できて当然」なのかもしれませんが、子ども自身は「そんなふうに思ってほしくない」―「がんばっているわたしをもっとほめてほしい」と思っていることが多いからです。ですから、**まずは本人の努力を認め、そこをほめてあげましょう。**

自尊心を育てつつ上への意識をもたせる

たとえば学校のテストでお子さんが100点を取ったとします。すると、親は「100点取ったのね！　すごいじゃない！」と言ってしまいがちですよね。しかし、前章でもお伝えしたように、ほめるときは結果ではなくそこに至るまでの過程に目を向ける。

「漢字を丁寧に書く練習をしたから、ぜんぶ○がもらえてよかったね！」

「テストに出る範囲をちゃんと確認しておいたから、今回のテストはバッチリだったね！」

子ども自身ががんばった事実に目を向け、そこをほめてあげると響きます。

そのうえで、**「あなたは学校の勉強が得意だから、もう少し難しい問題も解けそうだね」「あなたは難しい漢字もよく知っているから、漢検にチャレンジしてみたら？」**など、「学校の勉強にとどまらず、もう少し難しいことにチャレンジしてみて、できることを増やしていこうよ」という言葉を渡してあげると、「そうか、わたしはできる子なんだな」と自信を持ち、さらに上を目指そうとがんばるようになります。

そうすれば、親御さんも「学校の勉強だけでなく、もっといろいろなことにチャレンジしてほしい」という願いを伝えることができます。同じ気持ちを伝えるなら、子どもの気持ちが前に動くような言葉を選んでいきたいですね。

ケース 19 テストの点が悪かったとき

思わず言ってしまう言葉

なんでこんな点しか
とれないの？

子どもに届く言葉

もう少し
取れるつもり
だったんでしょ？
何があったの？

終わったことを責めるのではなく、
次に生かせる対策を考えます。

学校のテストの点が悪くて心おだやかではいられず、「なんでこんな点なの！」と声を荒げてしまう。小学校のテストくらいできないと後で大変なことになる、という気持ちからのことでしょう。たしかに、小学校のテストは授業で習った内容が出題されるので、高得点が取りやすい。それにもかかわらず点が取れなかったということは、何か助けてあげねばならない事情があるのです。

「なんでこんな点なの！」と責める気持ちはいったん置きましょう。「怒られてばかりでイヤだ」「できなかった僕はダメな子なんだ……」と萎縮させてしまうだけですから。

ポイントは、**「なぜ」の代わりに「何」を使うこと**です。

渡す言葉の順番としては、まず「100点取るつもりが60点だった」というように、「取るつもりの点数より低かった」という事実を確認します。

そのうえで、**「何があったのかな？」**と原因を聞きます。「何が」という聞き方だと、「テストの準備をしないで遊びに行っちゃった」などと出来事として説明できます。

理由がわかれば**「そっか、覚えなかったから解けなかったのは当然だね。この点数はさすがに悔しいから、次はテストの準備をがんばろうね」**と背中を押してあげればいい。本人が自分の非をわかっている場合、「今からがんばれば大丈夫」というメッセージを渡してあげればすぐに取り組めます。

うまくいかなかったのは〝やり方〟の問題

本人もどうして点数が取れなかったのかわからない場合は、勉強のやり方が間違っているなどの理由を大人が手伝って見つけてあげる必要があります。「じゃあ一緒に考えてみようか」と、直前の勉強内容とテスト内容とを順に丁寧に見直します。そこで問題の読み飛ばしや解答欄への記入のズレなどの原因がわかったら、「次は気をつけようね」と言ってあげたり、「こういうふうに線を引いて読むと読み飛ばしがなくなるよ」とやり方を教えてあげたりすればいい。

意識したいのは、**「うまくいかなかったのはやり方の問題で、能力の問題ではないんだよ」という言外のメッセージを子どもに伝えること**です。「思うような点が取れなかった」「どうすればいいのかわからない」と落ち込んでいる子の場合、「わたしはできない子なんだ……」と自分へマイナスのレッテルを貼ってしまうことを防がなければなりません。

原因がわかれば、それを見直せばいいだけの話で、自信を失う必要などまったくない。そう思わせるには、親御さんがむやみに子どもを責めることはせず、「なぜ」ではなく「何」に焦点を当てることがポイントです。

ケース 20 算数は苦手だったから、子どもに質問されても困る……

思わず言ってしまう言葉

理系じゃないから算数を教えるのはムリ！

子どもを安心させる言葉

お父さん（お母さん）はちょっとわからないから、得意な人に聞いてみよう

本当に苦手なら、できる人に任せてもかまいません。

「ウチの子が算数で点を取れないのは、算数が苦手だった私の影響かもしれません」とおっしゃる方がいます。「算数ができないのは自分のせいだ」と思い込んでいるんですね。

数学的分野で遺伝的要素が影響しやすいことは遺伝子学や脳科学でも証明されていますが、子どもが算数ができないことを決定づけるわけではありません。**大事なのはどうすればできるようになるかを子どもに示すことで、親が全責任を背負う必要はないのです。**

算数に苦手意識をもっている親御さんは、子どもに「この問題の解き方を教えて」と聞かれると、反射的に「理系じゃないから、算数はムリムリ！」などと拒絶してしまいがちです。でも、そういうときこそ落ち着いて**「ごめ〜ん、お母さん（お父さん）、算数が苦手だったから教えてあげられないけど、○○さんなら教えてもらえるかも」**と、「教えてあげられなくても、得意な人を見つけることはできる」というメッセージを渡してあげましょう。

誰にでも得意分野と不得意分野がありますし、勉強は必ずしも親が教えなければならないわけでもありません。できないことは得意な人の力をどんどん借りればいいのです。

できなかった経験が苦手意識として残っている

算数が苦手だと思い込んでいる親御さんにぜひお伝えしたいのは、**過去の「できなかっ**

た」は、今も「できない」ままだとは限らないということです。

ためしに小学校の算数の教科書を読んでみてください。おそらく、「あれ？　わかるかも」となることが多いのではないでしょうか。たとえば、小学1年生で「算数は難しい」と感じた子は、「僕は算数が苦手。だから、きっと問題を読んでもわからない」という思考パターンになり、そのまま2年生、3年生……と苦手意識を持ち続けてしまう。「私は機械オンチだから」と電化製品の電池交換さえしない人と同じ行動パターンです。

昔の教え子で「漢字が覚えられない」と言っていた小学5年生の子がいました。話を聞いてみると、2年生のときの漢字テストですごく悪い点を取って、お母さんに怒られて以来、自分は漢字が苦手だと思い込んでいたようです。

それで、私が小学2年生の漢字ドリルを見せて「難しい？」と聞いてみたら、「いや、今だったらできる」との答え。3年生の漢字ドリルをやらせてみたら「大丈夫」。最後に5年生の漢字ドリルで「やっぱり難しく感じる？」と聞くと、「あれ？ 大丈夫かも……」と言うのです。実際、1カ月後には漢字の苦手意識がすっかり払拭されていました。

小学校の勉強は積み上げ式なので、一度入り口で「難しい」と感じてしまうと、その先もずっと苦手意識を持ちやすくなります。算数に苦手意識を感じている親御さんは、まずお子さんの教科書を自分が読んでみましょう。

ケース21 もっと本を読んで国語が得意になってほしい

思わず言ってしまう言葉

もっと本を読みなさい！

子どもに届く言葉

本を読むといいみたいだけど、どう？

読書が国語力を決定づけるわけではないので、無理強いする必要はありません。

本をたくさん読む子は国語が得意になりやすいですね。そこから、本を読まない子は国語ができなくなると思い込んでいる大人は少なくありません。そこで、「もっと本を読みなさい！」と、とにかくたくさんの数の本を読ませようとしたり、「この小説は国語の入試によく出るみたいよ」とすすめたりしがちです。

ですが、**「本を読まない＝国語ができない」というのはまったく論理的ではありません。**ここでの考え方のポイントは、目的と手段の関係を間違えてはいけないということです。

本をよく読んでいて国語がよくできる子はそこそこいます。たくさん本を読んでいると語彙力や知識が増え、物語で人間のさまざまな感情を疑似体験できるからです。でも、本をよく読んでいても国語の点が取れない子はいるし、本はあまり読んでないけど国語がよくできる子もいる。まずはこのことを理解しておきましょう。

実際、本をよく読む子のうちで国語の点数もいい子の割合は、7割に届かないでしょう。「なにがなんでも本を読ませなきゃ」と気負いすぎないことが大事です。そのうえで、「本を読むのもいいみたいだけど、どう？」というアプローチを紹介します。

「言葉を知るには紙の辞書で調べたほうがいいよ」
「問題集で国語の問題に答えることに慣れておくのもいい方法かもね」

「文章の読み方を解説した本で、国語の問題の解き方を勉強するのもいいね」

このように、方法はいろいろあるけど、「どれならやってもよさそう?」というスタンスで本を読むことをすすめてみる。ここでのポイントは「もっと本を読みなさい!」と押しつけるのではなく、「国語は得意になっておきたいね。でも、方法はあなたが選んでいいんだよ」というメッセージを渡してあげることです。

数学分野と同じように、国語にも遺伝的な影響があるかどうか聞かれることがあります。共感力や感情理解の部分ではある程度の影響はあるようですが、遺伝的なものより家庭環境のほうがより大きく影響するようです。親が本をよく読んでいる家の子は読書好きになりやすいし、親が本に親しんでいる家では家庭の会話の質も違ってくるからです。

質の高い会話ができる家庭は、子どもの話をしっかり聞こうとします。そして、「そういうことがあったんだね」「そう思ったんだね」と、事実と気持ちを丁寧に拾ってあげます。さらに、大人の視点で大人の言葉を返してあげることで、子どもは物事をとらえる力を身につけ、語彙を増やしていくのです。

親に「話をちゃんと聞いてもらえた」という経験が多ければ多いほど、子どもの国語力は伸びやすいのですね。

ケース
22
もっときれいな字を書いてほしい

思わず言ってしまう言葉

なんでこんなに字が
きたないの!?
これじゃ読めないよ!

子どもに届く言葉

時間は
気にしないで、
目一杯きれいに
書いたら
どうなる?

キレイに書く力があるのかないのか、
まず見きわめましょう。

「ちゃんと書きなさい！」
「こんな汚い字では読めないわよ」

子どもの字が雑だったり読みにくかったりすると、親はすぐにでも直そうとします。文字は人柄を表すとも言われるし、字が乱れていると「この人はいい加減な人」と思われてしまうのではないか、社会に出てから困るのではないかという不安があって、「ヘンなクセがつく前に正さなければ！」という焦りが生まれるのも親心ですね。これも、愛するわが子を思ってのごく自然な感情です。

しかし、子どもの字が乱れる理由を、単にだらしないからだとか、いい加減だからだと決めつけるのは危険です。急いで書きたいという思いのまま字が乱れてしまう場合もあるし、早く書かなければと焦っている場合もある。さらには、目の焦点がうまく合わせられなくて文字がうまく書けないという場合もあるからです。

また、そもそも字を丁寧に書く意味が理解できていない子もいます。そこで、まずはどんな事情で字が乱れてしまうのかを点検する必要があります。

そのときやっていただきたいのが、**「時間制限はないとして、目一杯きれいな字を書いたらどうなる？」**という声かけです。

そこに書かれた文字の整い具合を見て、「きれいに字を書く力は持っているけど、きれいに書こうとしていないのか」「整った字を書くこと自体に苦労しているのか」を区別してあげることが先決だからです。

時間制限がなければ字をきれいに書けるようだったら、**「人から見ても見やすい字で書いたほうがまわりも気持ちがいいし、あなた自身も整った字を書いたほうが頭にも入ると思うんだけど、どう？」**と、きれいな字を書くことの意味を教えてあげましょう。

「別に自分が読んでわかればいいじゃん」と言ってきたら、「どうしてそれでいいと思うの？」と質問し、子どもの言い分を聞いてみます。そのうえで「先月書いたこのノートの字、本当に読める？」と聞いてみる。

さっき書いた字は内容を覚えているから読めても、いつ書いたかわからないものは自分でも読めない、という子はけっこういます。「自分で読んでわかればいいじゃん」と言う子には、こうして実際に読めるかどうかを確認させてあげたうえで、「それは読めるって言わないよ。せめて一カ月経っても読める字にしたいね」と教えてあげましょう。

そして、**「文字というのは人に見てもらう、伝えるためにつくられてきたものだよね。自分が読めるから相手も読めるはずというのはちょっと自分勝手な考え方じゃないかな。読めるかどうかは相手が決めるからね」**と伝える。

結局、**人に読んでもらえない字を書くと、ぐるっと回って自分が損をする**ということを教えてあげて、本人の改善意欲を促すことをおすすめします。

急いで書いてもそれほど速くはならない

「ゆっくり書いてたら時間が足りない」と言う子もいます。特に中学受験に挑戦する子はそう思い込んでいるところがあるようですね。そういう子には「整った字で最大限にスピードを上げて書いてみて。タイムを計ってみよう」と時間を計ります。

次に急いで書き殴った状態でも測ってみる。すると丁寧に書いても急いで書いても、本人が思っているほどには所要時間に影響しないことがわかるでしょう。

テストで書いている時間と考えている時間の比率を考えれば、当然考えている時間のほうが長くて、書いている時間なんてせいぜい20~30%くらい。書くスピードを必死に上げたところで、差は全体の数%しかつきません。

それより、汚い字で読み間違えてしまうほうがずっとダメージは大きい。そう伝えてあげると、納得しやすいと思います。

ケース
23 テストでうっかりミスが多かった

思わず言ってしまう言葉

ちゃんと問題を読みなさい！

子どもに届く言葉

間違った問題のうち、解けるはずの問題はどれ？

本当の原因を見つけて、
具体的な対処法を
子どもと見つけます。

わが子がテストで解けるはずの問題を間違えていると、「またうっかりミス。ちゃんと問題を読みなさい！」で片づけてしまっている親御さんは多いですね。

しかし、何が起きたのかも確かめずに注意するのは逆効果。まずは何があってこの点数になったのかを確かめる必要があります。ひとくちに「問題を読む」といっても、書いてある内容が理解できているのか、読めたとして解けるのか、答えを見てわかっているつもりになっていないか、などの確認が不可欠です。

そこで、**「間違った問題のうち、解けるはずの問題はどれ？」**と、ミスがなければ解けていた問題はどれかを子どもに聞いてみます。「問題のこの部分を読んでいなかった」とか「この問いの意味を勘違いしていた」とか、子どもが答えたとしましょう。

そうしたら**「次に同じテストをやれば解けるのかな？　次はどうやったらここを勘違いせずに、聞かれた通りに答えられるのかな？」「どうやったら読み飛ばすことなく読めるようになるのかな？」**と「どうすればできるようになるか」を聞いてみます。

そのときに「次はがんばる」「ちゃんと読む」といった言葉が返ってきたら、たぶんうまくいきません。そんなときは「今回だってきっとがんばったはずだから、それは違うよね。もっと具体的にどうするかを決めようよ」と真剣に向き合います。または、仲良し親子の関係だったら、「えっ？　じゃあ今回はがんばらなかったってこと？」と冗談っぽく突っ込みを入れてもいいでしょう。

「がんばったよね？　がんばって間違えたということは、次はそうならないようにする対策が必要だよ。問題を読み飛ばさないようにするには線を引くとか、頭の中がごちゃごちゃにならないように書き出してみるとか、どうすれば正解できるか一緒に考えよう」といううふうに話を持っていくといいと思います。

安易にうっかりミスで片づけない

長年、受験指導の現場にいた私の経験から言うと、**テストにおいてのミスというのは結局は実力の表れ**です。テストで点が取れないのは、一定の時間内に適切に解答を仕上げる力が足りていないということ。それを安易に「うっかりミス」で片づけ、足りない力を補う具体的な手立てを考えなければ、得点にはつながっていきません。

読み飛ばしが多い子は、安定して読むだけのリズム感と読む練習が足りていないことがほとんど。「ちゃんと読みなさい」という指示では解決しないのです。

テストの失点は、今の実力を知るチャンスです。安易に「うっかりミス」で片づけてしまわず、ぜひ次の機会に活かしてください。

ケース 24 学校の通知表の評価があまりよくなかった……

思わず言ってしまう言葉

こんな成績とって、恥ずかしくないの？

子どもに確認したい言葉

あれ？テストの点が悪かったんだっけ？

どうやって通知表の評価が決まるか、具体的に説明してあげましょう。

親世代の小学校のときの通知表といえば、地域によって多少表現は異なるものの、「たいへんよい」「よい」「がんばろう」の3段階評価が多く、評価対象は成績が中心でした。

今の時代の通知表は、「知識・技能」「思考・判断・表現」「主体的に学習に取り組む態度」の3つの観点で評価されています。そのため、自分たちの時代とは大きく異なる通知表をどう読み取ればいいのかわからない、という声をよく聞きます。

大事なのは、子ども自身が自分の通知表を見て何を感じているかです。そこで、あまり評価のふるわない通知表を受け取ったとき、まず確認してほしいことがあります。

「今回の通知表、ここに2とか1があるけど、あなたとしては納得してるの？」

答えとしては「まぁ、こんなものかな」か、「こんなはずではなかった」のどちらかだと思います。「こんなものかな」と返ってきたら、「そんなんでいいと思ってるの？」と怒りをぶつけてしまいそうになりますが、ここはカッとせずに次の質問へ。

「これはテストの点が悪かったからなんだっけ？　それとも発表をあまりしなかったんだっけ？」と聞いて、本人なりに自覚していることを教えてもらいます。

「授業中に手を挙げなかった」「宿題の提出が遅れた」「授業中に友だちとおしゃべりして

怒られた」など、成績を落とすことになったであろう理由を話してくれたとします。そうしたら、**「そんなことがあったんだね。じゃあ、次はそれを意識してがんばれば、先生もちゃんと評価してくれるよ」**と、次の学期への前向きな声かけをしてあげます。

「どうしてこんな成績なのかわからない」という場合は、たとえば「ここに『大きな声で発表できる』という項目があるよね。これは授業中のどういうときの話だと思う?」「先生に当てられたときは大きな声で話せた?」「わかっているときは手を挙げられた?」「グループ発表のとき、発表役はどれくらいやった?」など、一つひとつの項目を丁寧に聞いてみてください。そうすることで、何が足りなかったかに気づくことができます。

ただし、今の通知表は先生の主観的な評価になりがちです。何を判断基準にしているのかがわかりづらい場合は、「この項目はどういうことを評価しているのでしょうか? 本人がわかっていないみたいで、教えてあげたいのですが」と先生に聞いてみましょう。

聞いたところで釈然としないことも十分に考えられますが、そんなときは**「授業中にわかるときには手を挙げてほしい」「発表するときは緊張するかもしれないけど、できるだけ大きな声で話してみて」**と子どもに〝わが家の方針〟を伝えるのもいいですね。

大事なのは、**通知表は次の行動の手がかりを見つけるためのもので、そこでの評価があなたという人を決めているわけではない**というメッセージを伝えてあげることです。

第4章

生活習慣での言い換え

親の「当たり前」を子どもに押しつけない

日常生活で少しずつ自立をうながしていく

「子どもが朝なかなか起きられない」「片づけやお手伝いをイヤがる」「ゲームやスマホをやめられない」など、日常生活のあれこれが親の思うようにいかず、手を焼いているというお悩みは、どこのご家庭でも大なり小なりはあると思います。

「早くやりなさい！」「なんでできないの？」。子どもにこうした言葉をかけ続けることに、ほとほと疲れたという人もいるでしょう。

子どもの日常生活についてのイライラには主に二つの種類があります。一つは「これくらいはやって当然でしょ」という親の思い込みと、そのギャップから生まれるイライラ。もう一つは、「忙しい自分の時間を奪われてしまう」という怒りからのイライラです。

遊び終わったら片づける。食べたら食器は片づける。家のお手伝いをするなど、日常生活の基本的な行動は、親からすると「やって当たり前」です。家族の一員として、言わなくても自分のことは自分でやってほしいし、もっと言えば自分から積極的に家のことに協力してほしいという思いがあるのは、ある意味で当然です。

一方、**子どもにとって日常生活のあれこれは、がんばるほどのものではないと思っているのが現実です。**だから簡単に忘れるし、簡単にやめてしまう。まずは両者のとらえ方が大きく違うことを大人は知っておきましょう。

そもそも、自分が子どものときはどうだったでしょうか？　小学1年生のとき、4年生のとき、そして6年生のとき、一人でどんなことができていましたか？　明日の準備は自分でできましたか？　自分から進んでお手伝いをしていましたか？

あらためて振り返ると、「あれ、どうだったっけ？」と記憶があやふやなことも多いでしょう。仮に「自分はぜんぶできていた」という人は、どうやってそれができるようになったかを思い出してください。「そういえば、お母さんと一緒に洗濯物をたたむ練習をした」「お姉ちゃんがやっているのを見て、真似しているうちにできるようになった」など、自分だけの力でできるようになったわけではないことが思い出せますね。

また、みなさんが子どもだったころと今とでは、いろいろなことが変わっています。昔は三世帯同居という家庭も多かったので、家のことはおばあちゃんが教えてくれたという人もいるでしょうし、子どもの娯楽といえばテレビかゲーム、外遊び。それが今では、スマートフォンもインターネットも最初からあります。

つまり、みなさんが「当たり前」と思っていることは、今の子どもたちにとっては当たり前ではないということです。そのため、親基準の「当たり前」を子どもが自力でやれるように導くには、少し作戦が必要です。

習慣づくりの王道は「当たり前」をほめること

まず、どんな簡単なことでもはじめは親が見本を見せます。子どもの年齢によってできること・できないことがありますから、無理のない範囲でやるようにしましょう。はじめは親と一緒にやれたら上出来くらいからスタートし、徐々に自分のことが自分でできるようにしていきます。そのときに忘れてはいけないのが**「できてるね」**というほめ言葉です。「上手にできている」と言う必要はありません。とにかく、やったらほめる。これをくり返します。「なんで当たり前のことをほめなきゃいけないの？」と思うかもしれませんが、**習慣づくりの王道は「当たり前」をほめること**です。

やっていることをほめられると、「あ、ちゃんと見てくれているな」と子どもは安心します。また、せっかくやったのに見てくれなかったら、たとえ中高生になっていても「チェッ」と思うのが子どもです。親からすれば「自分のためでしょう？」と言いたくなりますが、子どもは歯磨きも片づけも別に大事なことだとは思っていないので、達成感や特別感がないのです。だから平気で忘れるし、できればやりたくない。「やらなきゃいけないことなんだから、やりなさい！」と言ったところで、まったく響かないのです。

だからこそ、ほめてあげることが必要なのです。子どもがやったら「できてるね」と気づいてあげ、「今日もやったね。続いていることは知ってるよ」と、「やった」という達成感を積み上げていきます。そうすると、「これは自分の行為でしているんだ」という意識につながっていき、徐々にしないと落ち着かなくなってくるのです。

いつもやっていることをやらないと、「なにか忘れている気がする、なんだろう？」とソワソワしてしまう。こうなれば、習慣化は成功です。いちばんの目標は「えっ？　〇〇？やるのが当たり前でしょ！」という言葉が子どもの口から出ること。「当たり前だよね〜！」と親子で言えるようになれば、もう心配はいりません。

自分のことを自分でできるようになるのも、家族のルールを守れるようになるのも、ある程度の時間はかかります。毎日、ほめ続けるというのも、しんどいですね。

でも、当たり前のことを「当たり前」と思うようになったら、「早くやりなさい！」「なんでできないの？」などのイライラ言葉が不要になって、親子関係はおだやかになるし、何より子どもの自立につながっていきます。得られるものがとても大きいのですね。

そこでこの章では、日常生活における「子どもの自立」について考えていきます。

ケース25 出かける時間に間に合わない！

本当は言いたくない言葉

10時に出かけるって昨日言ったでしょ！早くしなさい！

子どもに届く言葉

（前夜に）10時に出かけるから、9時から準備しておこうね

出かけるときは、準備時間を含めた時間設定をしましょう。

10時には家を出ないと予定していた電車に間に合わない。ところが、子どもはなかなか支度をしようとしない……。「早くして！　いつまでダラダラしているの？　10時に出るって言ったじゃない！」。親のイライラはマックスに達します。

でも、この展開は当然といえば当然。なぜなら、**子どもにとって10時に出かけるということは、10時から準備をすればいいと思うのがごくごく普通のこと**だからです。

「そんな……。もう○歳なんだから、時間の感覚もある程度身についてるでしょ？」

そうならいいんですが、現実は厳しいものです（笑）。ですから、子どもに10時には出発できるようにしておいてほしいと望むのなら、親はその前の準備時間も含めて時間設定をしておく必要があります。

「明日は10時に家を出るから、9時から出かける準備を始めようね」

といった感じで、何時から動き出してほしいかを伝えておくのです。

出かけるには準備が必要です。

まず、「今日は○○に行くからね」と目的地を告げます。そして、持っていきたいものを子どもに選ばせます。小学校低学年の子どもの場合、あれも持っていきたい、これも持っていきたいと言ってきたりしますが、少し手間がかかっても持ち物リストを書き出すことをおすすめします。たいてい、「こんなもの使わないでしょ？」というものが入っていますが、そこはいったん飲み込んで「なるほどね、あなたが持っていきたいものはわかった。でも、その前に忘れているものはない？」と聞きます。子どもは自分の好きなものは絶対に忘れませんが、上履きや筆記用具など本来必要なものを見落としがちだからです。

リストを書き出してみて、今日の外出先では使うことがなさそうだなと思うものがあれば、「これはいつ使いそう？　どこで使うかな？」と聞き、使う場面を本人に考えさせてみます。そうやって、自分の持ち物は自分で決めて用意する練習の時間をつくってみてください。何の練習もなく、親が望むように準備をしてくれることはまずありません。

なぜ準備がそこまで大切なのかというと、**「出かける準備をしっかりしたから、10時に出発できた。がんばったね」**という言葉を渡してあげたいからです。

大人の感覚では、どこかへ出かけるとは、その前に必要なものを用意して身だしなみを整え、トイレも済ませた状態で目的地に間に合う時間に出発することです。一方、多くの子どもは「家のドアを開ければ出かけられる」と思っています。そのギャップをいかに埋めるかが、スムーズに出かけられるようになるコツです。

上手に準備ができたらまずはほめる。そして、「持ち物リストを自分で考えられた」「言わなくても準備できた」とできたことを言葉にしてあげると、**「事前に用意できる自分」が頭の中にインプットされる**ので、次第に親が言わなくてもできるようになります。

ケース
26 朝、なかなか起きてこない

本当は言いたくない言葉

早く起きなさい！

子どもに届く言葉

明日は6時に起きて、〇〇をするんだよね

翌朝にすぐやる予定を立てておくといいです。

子どもが朝、なかなか起きられない。起床に関するお悩みをよく聞きます。一日のスタートが「早く起きなさい！」「いつまでグズグズしてるの！」と声を上げることから始めるのが、ほとほとイヤになる……という声が本当に多いです。

ただ、睡眠については、子どもの成長や体質が大きく影響します。親御さんは、目が覚めてすぐに動き出せる子もいれば、起きてから30分はゴロゴロしていないと動き出せない子もいることを知っておいたほうがいいでしょう。まずはお子さんをよく観察して、**わが子に無理のない生活リズムはどんなものかを理解することが先決**です。

目が覚めてすぐ動ける子なら、**「明日は6時に起きるんだったよね？」**と、前の晩に起きる時間を確認してあげると、頭の中に記憶され起きやすくなります。そのとき、「6時に起きて朝のドリルをやるんだよね」「録画しておいたアニメを観るんだったよね」と、朝起きてすぐにやる予定とセットにして伝えてあげると、より起きやすくなります。

大人でも、仕事や旅行などの予定が入っているときは、ちゃんと時間に起きられるはずです。翌朝の予定を立てておくのはひとつの方法です。

それでもなかなか起きられない子の場合は、まず時間になったら「6時だよ」と時間を教えて、反応がなかったら体を揺するなどして起こします。そのとき、**「あと何分たったら、体が起こせそう？」**と聞いてみます。

それでも体が動かせないようなら、次のように聞いてみましょう。

「あとどれくらいで布団の上に座れそう？」

「目を開けるのはどのくらい？」

このように、起きるまでの動きを分解して質問をくり返します。すると、「座ることはできそう。でも目がまだ開かない」などと答えてくれるでしょう。

これにどんな効果があるかというと、こうした問い自体が、「起きることはもう決まっている」というメッセージを伝えているのです。**すでに起きるという目標に向かっているので、「起きない」という選択肢はありません。**「起きなさい！」と言い続けていると、「起きない」「起きたくない」という意識が働いてしまいます。しかし、「起きる」という前提で会話を進めると、次第に体も起きるモードになっていくのです。

また、起きることはできても次の行動に移せないという子は、とりあえず布団から出させて、**「まだゴロゴロしていたいなら、リビングのソファでしなさい」**と移動させるのも手です。ほかの家族が活動している場所に移動することで自分も動き出しやすくなり、少ししたら「お腹も空いたし、起きようかな」と体が動くようになります。

ケース
27
遊んだおもちゃで部屋が散らかり放題……

本当は言いたくない言葉

遊んだらちゃんと片づけなさい！

子どもに届く言葉

楽しい遊びは、片づけるまでが遊びだよ

具体的な“やるべきこと”を明確にしておく。

「ちゃんと片づけなさい！」
「片づけたよ」
「これのどこが片づけたの！」

どこの家庭でもあるあるの光景ですよね。遊んだおもちゃを片づけない。部屋が散らかったままになっている。口を酸っぱくして言っても片づいていないことに腹が立ち、「何度言ったらわかるの！」と感情を爆発させてしまう。

部屋はこういう空間であってほしいという自分の中の願望と、目の前の現実があまりにも違いすぎて、そのギャップに怒りを抑えられなくなる。わかります。うちの奥さんもよく（僕にも）爆発していました。

「ちゃんと」では子どもに伝わらない

親が言う「ちゃんと」は、どういう状態を指すのでしょう？　自分としてはわかっているつもりでも、言われた**子どもはその状態を理解していない**ことはよくあります。

大人の感覚だと、「ちゃんと片づいている」とは、遊んだおもちゃが指定の場所に収納されて、視界に余計なものがなくスッキリしている状態だと思います。部屋全体が「整った状態」ということですね。

しかし、子どもが考える「片づいた」状態とは、床で遊んでいたものを机の上に移動させただけだったり、部屋の隅にガーッと全部移動させせただけだったりします。要はその程度なので、まずはその認識のズレを調整する必要があります。

おすすめは、親が考える「ちゃんと片づいた状態」の部屋を写真に撮って、それを子どもに見せること。そうすれば「ああ、これがちゃんと片づけるってことか」とイメージできます。そして、実際どうやって片づければいいかを教えてあげましょう。

「今、出ているものを仲間分けしたら、どうなる？」と声をかけて、勉強に関する本はここ、遊びのカード類はこっちなど、片づける対象物をグループ分けする練習をするのです。片づいたら、「すっきりして気持ちがいいね。ありがとう」と言ってあげましょう。

思わず口ずさむような〝合い言葉〟を決めておく

「自分が遊んだものを片づけたくらいで、どうして『ありがとう』なんて言う必要があるの？」と思った方がいるかもしれません。たしかに、**自分が使ったものは自分で片づける**

のが当たり前ですが、当たり前と最初から思えている子どもはいません。ですから、親御さんは片づけられるたびにほめて、片づけることへの自信を育てるのがコツ。

おすすめは〝合い言葉〟です。「遠足は家に帰るまでが遠足」と同じように、「楽しい遊びは、片づけるまでが遊びだよ」と、家族間で共有できる言葉をつくっておくのです。

子どもは遊んだらそれで満足してしまい、普通は片づけのことにまで頭が回りません。あるときは片づけなくても何も言われなかったのに、あるときは突然叱られるのでは、当たり前という感覚は育ちません。はじめから家族のルールをつくっておきましょう。

「片づけるのが当たり前」と思っていない子どもには、「お互いが心地よく暮らしていくには、それぞれが片づけることが必要」ということを言い続け、片づけられたときには**「すっきりして気持ちいい。ありがとう」**と感謝の気持ちを伝える。

それを繰り返していくことで、ようやく「当たり前」と思うようになります。親世代と子ども世代のギャップをいかに埋めていくかが習慣化のカギです。

ケース 28 食べ物の好き嫌いが多くて心配……

本当は言いたくない言葉

好き嫌いはダメ！
出されたものは
ぜんぶ食べなさい

子どもに届く言葉

『いただきます』
ってどういう意味
か知ってる？

無理に食べさせるのはNG。
でも、食べ物への感謝は
忘れないように。

食べ物の好き嫌いがあると、健康面や心身の成長によくない影響があると心配される親御さんは多いようです。好き嫌いを放置していると、子どもがわがままになってしまうと思い込んでいる方も少なくありません。

結論から言うと、18歳くらいまでを目処に子どもの好き嫌いを見守る、というスタンスがいいのではないかと思っています。

親御さんたちが「好き嫌いなく食べてほしい」と思うのは、「わが子が健康ですくすくと育ってほしい」と願う親心から生まれる感情です。好き嫌いが多いと、栄養が足りなくなったり、偏ってしまったりするのではないかという心配があるのだと思いますが、そうした心配をされている時点で、日ごろからお子さんの食生活に気をつかっていることがうかがえます。また学校給食も充実していますから、**少しくらい偏食があっても、栄養が足りなくなるという心配はほぼない**でしょう。

また、「好き嫌いがある子＝わがままな子」は単なるイメージで、何の根拠もありません。成長するにつれて認知の力が発達する結果、今まで食べられなかったものが食べられるようになるのはよくあること。「いつか食べるようになるでしょう」と、気長にかまえるのが一番です。

感謝の心は必ず教える

ただし、食べ物があることへの感謝、食材の生産者や料理をつくってくれた人への「ありがとう」の気持ちは、親として教えておきたいことですね。

「いただきます」は、肉や魚、卵などの動物をはじめ、野菜やくだものなどすべての命と、食材を育てたり獲ってきてくれたりした人、食事をつくってくれた人への敬意と感謝を伝える言葉です。届いているかどうかはともかく、ときおりこうしたことを教えてあげましょう。たとえ苦手だとしても、食べ物は無駄にしてはいけないことに気づいて、「そっか、じゃあ食べてみようかな」と心を動かすこともあります。

苦手なものを無理やり食べさせる必要はありません。勉強もそうですが、**本人が嫌がっていることを無理にやらせようとすると、「無理やりやらされた」というイヤな記憶だけが残り、あとあとまで引きずってしまうからです。**

食事も勉強も一生続くもの。気長に構えて、好き嫌いや偏食は18歳くらいまでに整えばよし、くらいの気持ちでつき合っていきましょう。

ケース 29 お手伝いをしてほしいけど、余計に手間がかかってしまう……

本当は言いたくない言葉

少しは手伝いなさいよ

子どもに届く言葉

やってみる？

「できること・できないこと」をしっかり見きわめましょう。

毎日忙しい親御さんにとって、子どもが少しでもお手伝いをしてくれればとても助かります。でも、いざやってもらうと洗濯物のたたみ方がぐちゃぐちゃだったり、「買ってきて」と頼んだものと違うものを買ってきたりと、思うようにいかないことだらけ。

ダラダラしてると「少しは手伝いなさい」と言いたくなるし、やったらやったで「もっとちゃんとやって」と言いたくなる。どちらにしてもイライラはつのるんですよね（笑）。

いま子育てをされている親御さんたちは、子どもは親のお手伝いをするものだと普通に考えていたギリギリ最後の世代かもしれません。「家族のことはみんなで協力しながらやろう」「これは、こうするとうまくできるよ」などと教えられたことでしょう。

しかし、1980年ころを境に教育熱が一気に高まり、「子どもは勉強をしていればいい」という考えの親が増え、子どもがお客さまのような存在になっている家庭もめずらしくなくなってきました。もちろん、すべてのご家庭がそうではありませんが、全体として見たとき、ひと昔前と今とでは意識が大きく違うことは理解しておきましょう。**お手伝いに参加させるには、ステップを踏んで、徐々に任せていくやり方がおすすめ**です。

任せるまでにはいくつものステップが必要

お手伝いの導入は、親が何かをやっている様子を子どもが見ているときに、**「あなたもやってみる?」**と誘うというのが自然な入り方です。

たとえば料理に興味を示しているようだったら、「水300mlね。お母さんカップに水を入れるから、300に近づいたらストップって言ってくれる?」「片栗粉大さじ3だって。あなたもやってみる?」と声をかけて一緒に料理に参加させてみます。親がやっていることに参加させるのがいちばんハードルが低く、取り組みやすいのです。

買い物も同じ。まずは一緒に出かけて、何を買うかを書き出したメモを渡して、「買い忘れがないか見てくれる?」とチェック役をお願いする。そして、「これならできる」ということを子どもと一緒に見つけて、一人でできそうだなと思ったら、「ちょっとお母さん今から電話しなくちゃいけないから、これとこれをやっておいてもらえる?」と任せる。そうやって一つひとつ段階を踏むと、親が期待しているように動いてくれます。

ところが多くの親御さんは「このくらい普段から見ているからわかるよね?」と、「できて当たり前」から入ろうとします。期待値が大きすぎるのです。

子どもは、親がやっていることを自分には関係がないものと考えています。見ていないのですから、「見せる」というステップが必要なのです。

フィードバックを〝おねだり〟してもいい

子どもがお手伝いをしてくれたら「助かったわ。ありがとう」と感謝の言葉を伝えましょう。また、「お風呂のお掃除、上手になったね。とっても気持ちよかった」とほめてあげると、「喜んでくれた」と嬉しい気持ちになり、習慣化にぐっと近づきます。

一方で、ちょっとユニークな声かけもおすすめします。

「今日めちゃくちゃ忙しかったけど、おいしいものを食べさせたくてお料理がんばっちゃった。ありがとうは?」

「今日は洗面所をピカピカに磨いたよ。ありがとうは?」

このように、子どもに「ありがとう」を要求するのです。恩着せがましいと思うかもしれませんが、親がやる家事の一つひとつは「当たり前ではない」と伝えるためです。子どもを家族の一員として育てたければ、みんながお互いに協力し合い、感謝し合う関係をつくっておくことです。

ケース 30 ゲームをなかなかやめられない

本当は言いたくない言葉

いつまでゲームしてるの！

子どもに届く言葉

今日はどこまでクリアしたいの？

“やりすぎ”を防ぐために、
強い気持ちで介入します。

子どものゲームをやめさせるのに、毎日骨が折れるという声をよく耳にします。大人でもゲームにハマってしまう人はいるのですから、自制心がまだ育っていない子どもにやめさせるのが大変なのは当然です。

子どもの娯楽のなかで、依存性の高さからリスクとして挙げられるのが次の四つです。リスクの低い順でマンガ、テレビ、YouTubeやTikTok、ゲームとなっています。2022年にはついに、WHO（世界保健機関）でいわゆるゲーム依存が「ゲーム障害」という病名で国際疾患に認定されました。こうしたことは親として知っておきましょう。

ゲームが怖いのは、受け身でありながら刺激を得られるという点です。ゲームはあたかも自分でコントロールしているように見えて、実はすべてが制作側の意のままに動かされています。少し単調になったらピコンと光ったり、何かが完成したらファンファーレが鳴ったりと、脳内の報酬系を活性化させプレイヤーが飽きずに楽しめるように計算されてつくられているのです。

特に今流行りのオンラインゲームは、長時間その世界に浸らせるほど課金が増え、ゲーム会社に利益が出る仕組みになっています。ゲームを続けさせるための工夫が0・1秒単位で設計されているのです。頭を使って遊んでいるように思わせながら、脳は受け身の状態で刺激をもらい続けているだけ。つまり、ゲームに遊ばれているのです。

逆にプロゲーマーのように、徹底的にゲームを攻略するレベルにまで達する人たちは、探究心をフル活用してゲームに向き合っているので、ゲームに遊ばれる次元を突き抜けているのですね。

ゲームの時間は親がコントロールする

子どもにゲームをやらせる場合、親は覚悟を持って管理をする必要があります。まず、どんな内容のゲームで遊ぶかを知っておきましょう。ゲームを始める前に**「これはどんなゲームなの？」「どうすれば勝ちなの？」**と聞いて、子どもに説明してもらいます。

一番大事なのは、どうやって終わらせるかです。短時間で終わるゲームはほとんどないので、**「今日はどこまでクリアしたいの？」**と目標を設定しておきます。そして、**「うまくいくと何分くらいでクリアできそう？」「時間がかかるとしたらどれくらいかかりそう？」**と2パターンの質問を投げます。こういう場合、たいてい子どもは「15分くらいかな」とうまくいったときの時間を言います。

ところが、実際やり始めると、「いやいや、気づいたら3回戦に入っちゃったんだよ」「ステージが変わって強い相手が出てきちゃったから、ここでやめるわけにはいかない」など言い訳を並べて、平気で約束を反故にしようとします。

だから、ゲームを始める前に**「時間がかかるとしたらどれくらいかかりそう?」**と先に聞いておく。ここではじめて子どもは時間の上限を意識できるようになります。そして「30分を超えるのはよくないから、ステージを一つクリアしたら教えて。残り時間があと何分使えるかで考えてみることにしよう」と、中間でチェックすれば時間オーバーを防ぐことができます。親子の間で、長くても30分などと上限の時間を決めることで、ゲームに遊ばれる状態を防げます。

オンラインゲームは慎重に

コロナ禍を機に、友だちなどと対戦できるオンラインゲームが小学生の間でも人気になっているようです。しかし、自制心がまだ育っていない小学生の場合、「ここで抜けるね」と自分から言うことができません。**オンラインゲームをやらせるかどうかは慎重に判断すべき**というのが私の考えです。

不登校の子どもや、学校で何かつらい思いをしている子どもにとっては、オンラインゲームの世界が「自分の居場所」となって救われることもあります。オンラインゲームには、人とつながり合えるという価値がある点は理解しておきたいですね。

そうした理解は持ちつつも、「メリハリのある生活を大事にしたい」「子どもの学習面を育てていきたい」と願っているご家庭の場合、小学生のうちにオンラインゲームに参加させることを私はおすすめしません。

友だちに誘われて一緒に遊びたいという場合は、各家庭の意識レベルにもよりますが、「今日は何時から何時まで遊ぶみたい。時間になったら声をかけましょう」とその友だちの親と連絡を取り合うなどして、足並みをそろえておくといいでしょう。ただし、ゲームに無頓着な家庭が混じっていると足並みがそろわないので、相手は選ぶ必要があります。

オンラインゲームでは時間管理に親が介入すると最初から決めておけば、メリハリをつけて遊ぶことができます。**子どもをゲーム依存から守るのは親の大事な役目です。**

ケース
31

いつまでも動画をダラダラ見ている

本当は言いたくない言葉

いつまで見てるの！

子どもに届く言葉

この動画は1本何分？6時までということは、あといくつ見るの？

目的意識がないまま見続けないよう、
親がしっかりケアする
必要があります。

前項で、子どもにとって依存度の高い娯楽の順番をお伝えしました。1位はゲーム、次にYouTubeやTikTok、そしてテレビ、マンガと続きます。これらとうまくつき合っていく方法は、大きく二つに分かれます。

マンガとテレビは、依存性という点ではそれほど高くはありません。マンガは自分でページをめくりながら読むので長時間続けると疲れますし、近年は若者のテレビ離れが進んでいるように、テレビという娯楽は今の子どもにとってそれほど魅力的なコンテンツではなくなっているので、依存性の心配も薄らいでいます。とはいえ一度見始めるとやめられないという場合は、終了時間を決めておきましょう。

親がすべき声かけは次の二つです。

「今日は何を読むの？（今日は何を観るの？）」「何時まで読むの？（何時まで観るの？）」

読みたいもの（観たいもの）と終了時間を確認しておくことで、まず「何を読みたいか（観たいか）」を子ども自身に選ばせます。そのうえで、「とにかくずっと読んでいたい（観たい）」ではなく、「これだけを読みたい（観たい）」と対象を限定させます。次に終了時間を確認することで、「その時間になったらおしまいだよ」というメッセージを渡します。

YouTubeやTikTokの依存性を軽く考えない

私たちが子どもだったころはテレビが娯楽の中心でしたが、今はまずYouTubeやTikTokが当たり前。なぜそこまで子どもの心をつかんでいるのでしょう?

まず、「手が届く感覚」が大きな魅力の一つなのではないかと思います。テレビの向こうのタレントさんは別世界の人に見えるけど、動画の中では近所にもいそうな雰囲気の人たちとあたかも一緒に遊んでいるような気分になれるのでしょう。

最近はショート動画なども充実しており、さらにレコメンド機能で受け手が興味を持つであろう動画がどんどん出てきます。ゲームと同じで、離れさせないための工夫がそこかしこに盛り込まれているのです。

それだけに、「なんとなく」で気楽に見始めたはいいものの、いつまでもやめられなくて見続けてしまうことが大きな問題です。これこそ依存の状態ですよね。

そこで、動画の世界にハマりすぎるのを防ぐために、動画についてお子さんとじっくり話すことをおすすめします。

「今、何を見ているの？」
「どんなところが面白いの？」

このように聞いて、子どもに説明してもらうのです。動画の内容を話すことで、「自分が経験したことを相手に伝える」「コンテンツの魅力を伝える」という練習ができますし、親御さんにとってはお子さんが興味を持っていることを知るきっかけにもなります。

特に、「今、何を見ているの？」という問いはとても重要です。「とにかく〇〇が見たい！」など、見たいものが決まって見始めたものの、いつの間にか別の動画に引き込まれていくことが多くあります。ご自身でも経験がある方もいると思いますが、**自分が何を見ているのかを意識することなしに、なんとなく見ている**のです。こうした受け身の姿勢で惰性的に見ている状態がとにかく怖い。だから意識的に見ることを促すわけですね。

すでに動画サイトにのめり込んでしまい、やめさせるのに苦労しているという場合は、ゲームを終わらせるときと同じように、「どうすれば終わらせることができるか」にフォーカスするようにします。マンガやテレビのように「いつ終わるの？」と時間を決めるやり方ではなく、「どうやったら終わらせることができるか」と確認をしておくのです。

「この動画は1本何分くらいなの？」
「4分の動画をあと3つ見るってことだね？」
「6時までの約束だけど、あと何本見るの？」

このように、一つひとつ区切って確認する。もう一つの方法は、「あと二つでおしまいだけど、やめられそう？」と聞いてみる。

これはどういう目的かというと、子どもの「大丈夫」という言葉を引き出すためです。問いかけによって、「ここまで見たらもう大丈夫。ちゃんと見た」と、子ども自身に満足の区切りをつけさせるように仕向けるのです。

ゲームにしても動画にしても、結局のところ**いくらやっても満足はしない**のです。満足とは自分が決めるもの、選ぶものだからです。メリハリをつけて楽しむ分には問題ありませんが、「やめられない」という依存状態に陥ってしまっている場合は、ただ見ているだけで何の達成感も得られず、心はずっと飢餓状態です。だから、幸せにはならない。

子どもにYouTubeやTikTokなどの動画を見せる場合、そうしたリスクがあることを親御さんはしっかり認識しておきましょう。

ケース 32
LINEに気をとられて、勉強に集中していない

本当は言いたくない言葉

いつまで
やりとりしてるの!

↓

子どもに届く言葉

また明日学校で
会えるんだから、
今やりとりを
しなくても
いいよね?

学校での人間関係について、
別の視点を与えてあげましょう。

依存性といえば、近年は子ども同士のLINEによるメッセージのやりとりが問題視されています。はじめは「みんなとおしゃべりをするのが楽しいから」と気軽に参加しますが、親や先生の目が届かないところで友だちの悪口を言い合ったり、仲間外れにしたりしてトラブルに発展することが多々あります。使用させるには十分な注意が必要です。

また、子どもが夜遅くまで友だちとメッセージをやりとりすることを心配している親御さんは少なくありません。小学生の場合、高学年の女の子にその傾向があるようです。

メッセージが既読なのに返信しない「既読スルー」トラブルは大人でもありますが、**小学生の場合は学校の交友関係がすべてになりがち**なので、より大きな問題につながります。友だち関係が崩れてしまうと、自分の居場所を失ったかのように感じるからです。だから、「既読スルー」で相手の気分を害すると自分の居場所を失うのではないかと感じ、メッセージのやりとりが止まらなくなるのです。

しかし、夜遅くまでメッセージのやりとりをして、心、体、頭の健康が害されては元も子もありません。親御さんが心配するのは当然です。特にお母さんと娘さんという関係の場合、同性同士ということでその年ごろの子どもの気持ちがわからなくもない。だからなおさら、どう対応したらいいのか迷ってしまうようですね。

子どもの健康を考えたとき、夜遅くまでスマホの画面を見続けるのがいいわけはありませんから、こんな声かけを試してみましょう。

「大事なあなたの体のために、夜はしっかり寝てほしいの。そもそも、また明日学校で会えるんだから、今やりとりしなくてもいいんじゃない？」

「友だちを大切にしたいという気持ちはわかるけど、あなたの健康が心配」というメッセージをはっきり伝えます。

それに対して、「今、返事をしないと嫌われちゃう」という返事だったら、ここは少しトーンを変えて、落ち着いた声でこう言ってみてください。

「LINEを送って、すぐ返事がこないとイヤだという子は、自分のことしか考えていないよね？　あなたは相手を大事にしてあげたいと思ってつき合ってるけど、返事をしなかったくらいで友だちじゃなくなるのなら、それは友だちって言えないんじゃないかな？」

と寄り添うように、しかし確信を持って言うのです。

そして、大人のアドバイスとして「本当の友だちは、久しぶりに会ってもすぐ話ができるものだよ。気持ちがつながっている友だちは、ずっと一緒にいなくても大丈夫。二人をつなぐ糸は切れないよ」と伝えてあげる。

それでも、渦中にいる子どもには、親の思いがなかなか届かないこともあります。そんなときは、子どもの気持ちをしっかり受け止めることに意識を置きましょう。

「返事をしないと、どういう気分になるの？」
「仲間外れになる感じ？　それともみんなが知ってることを自分が知らないと落ちつかない感じ？」

このような言い方で、丁寧に子どもの気持ちを言葉にしつつ聞いてあげてください。

ＬＩＮＥをはじめとする子ども同士のトラブルやいじめ問題は、「こうすればいい」という明確な解決法がなく、非常に難しい問題です。結局のところ、仲間をつくっておきたいという気持ちの根っこには、みんな不安があるのです。不安だから固まり、自分に自信がないから友だち確認儀式をしてしまう。

子どもたちの世界では、お互いが監視し合うという行動が起きやすいということを、親御さんたちは知っておいたほうがいいでしょう。仲良くしている裏側に不安が眠っていないか、適度な距離で見守りつつも常に気にかけておいてください。

違う世界もあることを教えてあげる

親世代はＬＩＮＥによる子ども同士のトラブルを自分の実体験として持っているわけではないので、どう対応すればいいか非常に悩ましいところ。一つ言えるのは、クラスの全員がＬＩＮＥのやりとりをしているわけではないということです。

子ども自身が今の世界から抜け出したいと思っているなら、**「ＬＩＮＥのやりとりに参加してなくて、話が合うお友だちは誰かいる？」**と聞いてみてください。誰かいるようなら、「○○ちゃんはＬＩＮＥをしてなくても楽しく学校に行ってるんだね。あなたもそのスタイルがいいんじゃない？」と行動を真似する対象を見つけてあげるのです。

その友だちと同じようにふるまう自分をイメージすることで、現状から抜け出せる可能性が高まります。または、「あなたはダンスが本当に好きだもんね」「委員会のお仕事、がんばってるよね」と、**リアルな世界でのことをほめて応援してあげると、ＬＩＮＥ依存から抜け出しやすくなる**こともあります。

「今あなたがいる世界がすべてじゃないんだよ」と伝えることで子どもを安心させ、「やっぱり、わたしはこうしようかな」と自分で自分の居場所を選択できるように支えてあげることが、ＬＩＮＥトラブルの適切な対処法です。

ケース33 スマホを持たせていいものか、悩む……

本当は言いたくない言葉

まだ早いからダメよ！

子どもに届く言葉

便利だもんね。その気持ちはわかるよ。それで、約束の時間を守って使う自信はどれくらいあるのかな？

まだ自制はできないと考えて、
与えるのではなく
貸してあげるようにします。

小学生の子どもが「スマホがほしい」と言ってきたら、多くの方は「まだ早いからダメ！」と反対するのではないでしょうか。もっとも、共働き家庭が増えている今は、子どもがどこにいるかをGPS機能で把握しておきたい、親子の連絡手段として使いたいというご家庭も増えているようです。結局、持たせるかどうかは各家庭の判断ということですが、スマホを持たせることは、これまでお伝えしてきたゲーム、動画依存やLINE問題などへの第一歩。ですから、お子さんにスマホを使わせる場合は、そのリスクを乗り越えられるかどうかをお子さんと一緒に考え、しっかり約束をしておくというやり方がベストではないかと考えます。

スマホは与えるのではなく〝貸してあげる〟

子どもが「スマホを持ちたい」と言ったとき、多くの親御さんは「持たせるか」「持たせないか」の二択で判断しようとします。そうではなく、次のように聞いてみましょう。

「たしかにスマホは便利だから、あなたが持ちたいという気持ちはわかる。でも、スマホを持つと、ゲームやお友だちとのやりとりがやめられなくなることがあるんだよ。お父さ

んとお母さんはそれを心配してるけど、あなたは自分の意思でやめる自信はどれくらいあるかな？　決められた時間内だけで使うことが本当にできそう？」

「できる」「できない」の回答そのものはさほど重要ではありません。自己管理が必要だという意識をまず持たせることに主眼があります。**実際の自己管理力は時間をかけて育てていくもの**ですから、今は自制できなくてもいいのです。

まずは親が心配していることを伝え、「本当に自分で自制することができるか」を確認します。「できる」と答えた場合には、買い与えるのではなく、まずは貸す。

「では、このスマホをあなたに貸してあげます。これは貸しているので、あなたのものではありません。約束の時間の間だけ使っていいことにします。時間が過ぎたら返してください」と親子で契約を結んでおくのです。自制心が未熟な子どもにスマホを使わせる場合は、このくらいの縛りを設けて、段階的な成長を応援しましょう。

はじめは「では、今日は30分貸します」と短い時間からスタートし、約束がきちんと守れたら「時間内に返せたね」とできたこと認め、ほめる。そうやって徐々にできる日を増やしていき、この子に任せても大丈夫そうだと親が判断したら時間を増やす、というのが、親子の信頼関係を築きながら、子どもの成長にもつなげていくコツです。

「ちゃんとできる」という子どもの言葉を鵜呑みにして、実際できるかどうかもわからない状態で渡してしまうご家庭も多いようです。これでは管理できなかった場合は子どもの責任にされるだけで、子どもにとってのリスクが大きすぎます。**スマホから子どもを守るのは親の責任**。安易に与えないことも愛情です。

中学生・高校生になったら徐々に子どもに委ねる

ここで、わが家の話をしたいと思います。わが家には現在高校2年生の息子が一人います。息子は中学受験を経て、今は全国の中でも最難関といわれる灘高校へ通っています。そういうと、「やっぱり、お父さんが中学受験のプロがだからなぁ〜」と言われてしまうのですが、灘に合格できたのは間違いなく本人の努力による結果です。

親の私がしたことといえば、「○○は小さいときから数を数えるのが好きだったもんな〜。だから、算数が得意になったのかもね」「○○のそういうマイペースなところ、お父さんは好きだよ」と、わが子のいいなと思うことを言葉にして渡し続けただけです。

わが家が息子に最初に持たせたのは、キッズ向けの携帯電話でした。小学4年生から一人で電車に乗って塾に通う日が発生しだしたので渡したのですが、家に置いたまま出かけてしまうことがほとんどで、あまり使うことはありませんでした。

スマホを渡したのは中学生になってからです。ただし、ペアレンタルコントロールは設定していましたし、アカウントは私のものを使っていたので、新しくアプリをダウンロードしたい場合は、親である私のほうに承認許可が届くようになっていました。使用時間を制限し、スクリーンタイムもチェックできるようにしていました。

なぜこうした管理をしていたかというと、やはり子どもがスマホを持つことはリスクがあると感じていたからです。本人もその趣旨を理解していたので、使い方で意見がぶつかることはありませんでした。

ところで先日、息子からこんな連絡がありました。「テスト前で勉強に集中したいときに、スマホが気になっていじってしまうことがあるから、画面を見えなくするスマホボックス（タイムロッキングコンテナ）を買ってほしい」と言うのです。なんだそりゃ?と思ったら、本当にそんなグッズが売られているのですね。それだけスマホは依存性が高いということなのでしょう。

しかし、よく自分からそんなことを言ったもんだな、と感心しました。自分の弱みを知っているから、なんとかしなきゃと思ったのでしょう。自分のことを自分で考え、行動を選択する。息子の成長を感じたうれしい出来事でした。

ケース34　子どもの話がまどろっこしい、意味がよくわからない

本当は言いたくない言葉

で、何がいいたいの？

子どもに届く言葉

○○の話ね。今ちょっと忙しいから、あとでゆっくり聞かせて。絶対よ

話にテーマをつけておくことで、
子どもも話しやすくなります。

親子の会話は大事にしたい。でも、今は食事の準備に集中したいし、その後には仕事のメールを一本入れたい。ところが、そんな忙しいときに限って子どもが「ねぇねぇ、お母さん聞いて。今日ね、〇〇ちゃんがね……」と、とりとめのない話をしてくる。しかも、話がまどろっこしくて、いったい何の話かよくわからないので、「で、何が言いたいの？」と素っ気ない態度をとってしまう。そんなことはありませんか？

この状況の親御さんの気持ち、と〜ってもよくわかるのですが、冷たく返されてしまうと、子どもは「お母さんはわたしの話を聞きたくないんだ……」と寂しい気持ちになってしまいます。そこで、**「〇〇ちゃんのお話なのね、聞きたいなぁ〜。でも、お母さん今ちょっと忙しいからあとでゆっくり聞かせて。その間にどんなお話をするか考えておいてね。絶対に教えてよ」**というふうに提案してあげてください。こう言ってあげると、寂しい気持ちにはなりません。

もう一つ、最初に「〇〇ちゃんの話なのね」とこの**話のタイトルにあたる部分を伝えてあげることで、話題があちこちに行かないようにする**のもポイントです。

子どもはたいてい何を話すか決めないまま、自分が見たことや感じたことをそのままバラバラとしゃべるので、聞く方はいったい何の話かわからないという状況になりがち。

上手にわかりやすく話ができる子は、まず話すテーマを決めて、「これがあって、あれがあって、こうなった」と話す順番を頭の中で無意識に準備しています。

話があちこちに行ってしまう子には、「お母さんが用事を済ませている間にどんな話をするのかまとめておいてね」と伝えておくのです。

そして最後に「絶対よ」を加えておくことで、「お母さんはあなたの話を楽しみにしている」というメッセージを渡してあげます。そうすれば、親子でイヤな気持ちになることもないし、何よりも自分の考えを人に伝えるいい機会になります。

伝わるように話すには、「いつ」「どこで」「誰が」「何を」「どうした」の5W1Hが重要だと知っている人は多いでしょうが、逆に人に話を伝えるのが下手な人は、「誰が」「どこで」の情報が抜けやすいという共通点があることをご存じでしょうか。

子どもの話が少しわかりにくいな、と思ったら、「○○ちゃんの話だったよね？」と、まずは話の主語、話題を確認し、「○○ちゃんがどうしたんだっけ？」「○○ちゃんとどこで会ったんだっけ？」と時折聞いて、補ってあげるといいでしょう。そうやって、人に伝わる話し方の練習をくり返すと、やがて自分で話を構成できるようになります。

話し上手になる秘訣は、自分の話が相手に伝わり、相手が楽しんでくれたという経験をたくさん積ませてあげること。そのためにも、親御さんはどこかでゆっくり聞いてあげる時間をつくってあげたいですね。

ケース 35 戦争・差別・貧困……世の中の現実についてどう伝えればいいの?

本当は言いたくない言葉

かわいそうだね……

子どもに届く言葉

何があったんだろうね

一般的な教訓ではなく、
親が感じたことを
話すだけでいいのです。

戦争、差別、貧困……。私たちは毎日、世の中で実際に起きているさまざまなつらいニュースを受け取ります。家族団らんのときにそうしたニュースがテレビから流れてきて、親として子どもにどう伝えればいいのか考えてしまった、という声を聞きます。

こうしたとき、私は何か正しいことを伝えようとする必要はないと考えています。なぜなら、誰にも正解がわからないからです。教え諭すというよりは、**親御さん自身が感じたことをそのまま口に出すほうがいい**のではないでしょうか。

以前、わが家でこんなことがありました。母親が小さい子どもを虐待して亡くしてしまったというニュースを見て、「ひどい話だよな」と家族で話した後、「でも、このお母さんも苦しかったんだろうなぁ」と私がぽつりとつぶやいたことに対して、息子がとても驚いた顔で「えっ、どうして？　この人、悪い人なんでしょ？」と聞いてきたのです。

そこで次のように言いました。

「たしかに、このお母さんがしたことは悪いよ。でも、このお母さんも最初は子どものことが好きだったと思う。なのに、こんなひどいことをして死なせてしまったということは、きっと何かすごく大きな悩みを抱えていたか、精神的に参っていたんじゃないかな。だって、自分の子どもを殺すなんて異常なことで、あり得ないことだよ。それが起きるということは、このお母さんにも何か理由があったと思うんだ」

すると、「そっかぁー、じゃあこのお母さんもこの子のことが好きだったんだ」と言って、少しほっとした顔を見せたのです。子どもは別に答えを知りたいわけではありません。でも、一番身近にいる両親がどう思っているのかは知りたいのです。

親が感じたことを伝えると、そこから会話が広がります。たとえば戦争のニュースを見たとき、「ウチは今、ごはんが食べられて幸せだけど、この国のようにいつ何が起きるかわからない。そうならないように、できることはがんばらなきゃね」と言ったとします。すると、子どもはその感想から「戦争なんてしてほしくない」と自分の意見を言ったり、「日本は助けなくていいの？」と疑問をぶつけてきたりする。

それに対して、親が「助けるということは、お金を援助したり、食べ物を届けたり、仕事を提供したりといろいろあるけど、できる範囲は限られているし、誰を助けるか相手を選ぶのも難しい。どう答えていいかわからないなぁ」など、「正しい答えはわからないけど、こう思っている」と伝えてあげれば十分だと思います。

大切なのは、世の中で起きている出来事に関心を持つことです。**子どもは親が感じたことや親の感想を通じて、そのことに関心を持ち、社会や世の中に目を向けるようになります。**私たち親は、何かいいこと、役に立ちそうなことを言わなきゃいけないと思ってしまいがちですが、その必要はありません。思ったことをただ口にするだけでいいのです。

第5章

親子の信頼についての言い換え

「自ら道を切り開ける人間」にするのが子育ての目標

必要なのは「自分を見てくれている」という安心感

これまでの章でお伝えしてきたとおり、自分理解において、親から渡された言葉は良くも悪くも大きな影響を与えます。だからこそ、子どもは親が自分を信頼してくれているかどうかに関心が向き、敏感になるのです。

一方、親としては、まだ子どもだからとあれこれ心配してしまう。心配しているからいろいろ聞きたくなるし、あれこれ言わずにはいられなくなってしまうのでしょう。でも、そうした言葉はえてしてネガティブな言葉として発せられ、それが子どもには「自分はお母さんに信頼されてない」と受け取られています。それは誰も望んでいませんよね。

子どもに信頼を伝えるのにいちばん効果的なのは、**その子が持っている力にポジティブな言葉を渡してあげること**です。**「さすがだね！」「あなたなら大丈夫」「いつも通りでいいんだよ」**というような言葉を渡されると、子どもは親から信頼されていると感じ、安心します。

または、**「あなたは◯◯が好きだもんね」「あなたらしいね」**という言い方も、「自分のことをわかってくれてる」と受け止められる、安心を生む言葉です。

ここまで読んでお気づきかと思いますが、「信頼」というのは、何かができることを認めてほめるだけではありません。ここを勘違いして、「できたこと」だけを評価してしまうと、常にテストをされている気持ちになり、親への信頼は崩れていきます。

信頼の根っこにあるのは、「ありのままの自分を見てくれている」という安心感です。「できる・できない」で判断してしまうと、うまくいったときはいいけど、うまくいかなかったときに、「認めてもらえない」という怖さが生まれます。

子どものありのままの姿を見て、「うんうん、そうだよね。それがあなたらしさだよね」と受け止め、「いつも通りでいい」「あなたなら大丈夫」とエールの言葉を渡してあげたほうが、子どもは自分が認められていると実感し、自信を持つことができます。

お父さんとお母さんはいつも自分を見てくれている。だからいつだって甘えられるし、いつだって頼れるから、自分の力でがんばってみようという勇気が生まれるのです。つらくなったら戻れる場所があると知っているから高い目標にチャレンジできるし、ちょっとしたストレスにも耐えられるふんばりのきく心を持てるのです。つまり、**「頼ってもいい」と思える親であることが、子どもから親への信頼になるのです。**

最後の章では、親子の信頼関係について考えていきます。

ケース36 どうしても上の子と比較してしまう

本当は言いたくない言葉

お姉ちゃんはできたのに

子どもに届く言葉

○○（名前）はどんな勉強のスタイルなのかな？

誰かと比べるのではなく、
その子なりのやり方を
一緒に考えてあげる。

わが子はどちらもかわいいし、同じように愛情を注いでいる。でも、ときどき無意識に「お姉ちゃんはできたのに」「お兄ちゃんのときはこんなことはなかったのに」と、きょうだいを比較してしまうことはありませんか？

親の気持ちとしては、一人目で経験があるからその経験を生かしてうまくやりたい、二人目の子育ては安心してやりたいという思いがあります。そのため、「同じようにいてほしい」と勝手に期待してしまうのでしょう。それが思い通りにいかないと、「どうして？」と混乱し、不安からつい比較する言葉が出てしまうのです。

しかし、いくら同じ親から生まれ育った子でも、人格は一人ひとり違います。それぞれ違っていて当たり前。そんなことは頭ではわかっている。でも、心に余裕がないと、ついいじわるな言葉が出てしまうのが人間です。**「同じ自分の子でも一人ひとり別の人間なんだ」と、意識的に自分に言い聞かせておきましょう。**そうすれば、子どもにも「お姉ちゃんはお姉ちゃん、あなたはあなたただもんね」という言葉が出るようになります。

「お姉ちゃんはできたのに」という伝え方には、その後ろに「あなたはなぜできないの？」というネガティブな意味が隠れています。これを、**「お姉ちゃんはこれが得意だよね」**というお姉ちゃんを主語にした言い方に変えると、「そしてあなたは○○が得意だよね」が言外に続くので、比較されているようには感じません。お子さんそれぞれの良さを言葉にしてあげましょう。上の子をほめるなら下の子もほめる。ほめるポイントは違っても、渡してあげる言葉の数は平等になるよう意識してください。

つい比較の言葉が出てしまうときこそ、個々の人格にしっかり目を向けます。人の性格がそれぞれ違うように、それぞれが取り組みやすい勉強のスタイルを持っているものです。お姉ちゃんと同じようにやってみて、うまくいかない場合には**「〇〇（名前）はどんな勉強のスタイルなんだろうね？　あなたに合ったやり方を見つけてみよう」**と「〇〇のスタイル」という言葉を渡してあげるのがいいと思います。そうすれば誰かと比べる必要はなくなるし、子どもにも「自分に向いているやり方が見つかればうまくいくはず」と自信を持たせてあげられるからです。

「お姉ちゃんのやり方でマネできるところはない？」と聞くのもいいでしょう。「参考になるところは取り入れればいい」というニュアンスが伝わります。

きょうだいを比較しないようにするには、子どもをできるだけ名前で呼ぶこともポイントです。「お姉ちゃん」「お兄ちゃん」という呼び方だと、どうしても比較の意識が入りやすくなってしまうからです。「ダイスケはこういうところが面白くて、ハナコはこういうことをやらせたら一番」といった感じで、それぞれのいいところに親が目を向けられるようになると、きょうだい同士も尊重し合えるようになります。

ケース
37
上の子には
つい厳しく言ってしまう

本当は
言いたくない
言葉

お兄ちゃんなんだから

子どもに
届く言葉

○○をしてくれると嬉しいな
ありがとう!
助かったわ

「年上だからやって当たり前!」

という言い方は反発を招きます。

「お兄ちゃんなんだから、貸してあげなさい」
「お姉ちゃんなんだから、これくらいやってよ」

きょうだいに差をつけてはいけないと思いつつも、気がつくといつも上の子にだけ厳しくしたり、頼ってしまったりする。特に下の子が小さいと、そっちに手がかかってしまい、上の子を大人扱いしすぎてしまうことがあります。

「お姉ちゃんががんばってくれたらラクなんだけど」「自分でやってくれたらいいのに」と、親御さんが上の子に頼りたい気持ちはよくわかります。しかし、「こっちも大変なんだからがんばれ」というのは、親の勝手な都合です。

そこで、言い方を次のように変えてみてはいかがでしょうか。

「お願い！　いま忙しいから○○をやってもらえると助かるんだけど」
「○○を手伝ってもらえるとうれしいな」

と、お願いしてしまうのです。こう言われると、子どもは「いま忙しいんだ。僕に助けてもらいたいんだ」と感じ取り、なんとかしてあげたいと思うようになります。また、「わたしを頼ってくれている」と誇らしげな気持ちになり、自信にもつながるでしょう。

子どもが期待に応えてくれたら、たくさんほめてあげましょう。


「ありがとう。本当に助かった」

「一人でも上手にできるね。さすがだね！」


できた後であれば、「さすがお姉ちゃん（お兄ちゃん）！」と強調してもかまいません。がんばったことを認められた後は、ほめ言葉として受け取れるからです。

やる前に「お姉ちゃんなんだから」という言葉を使うと、子どもは「うまくできなかったらどうしよう……」と不安な気持ちになります。不安だからやりたくないし、「なんで自分だけ？」と反発したくなるのです。

親が子どもを頼るのは決して悪いことではありません。むしろ、**「自分のことは自分ですること」「家族のために行動すること」は、子どもの自立を促します。**でも、渡す言葉の順番を間違えると子どもにはモヤモヤがたまってしまい、親子関係やきょうだい関係に影響を与えてしまうことがあります。特にきょうだい間の比較はあとあとまでしこりが残る可能性があるので、十分な配慮が必要です。

ケース
38

いつもきょうだいゲンカばかりで困る

本当は
言いたくない
言葉

いい加減にしなさい！
どっちが悪いの？

子どもに
届く言葉

何があったのかな？

それぞれの言い分を聞き、
話を整理してあげます。

さっきまで仲良く遊んでいたと思ったら、いつの間にかケンカがはじまりお互い一歩も譲らない。毎日のように起こるきょうだいゲンカに頭を悩ませている方は多いようです。

「こっちは忙しいんだから、いい加減にしてほしい……」。親御さんとしては、どっちが悪いかなんてどうでもいいから、早くこの状態を収めたいのが本音ではないでしょうか。だから、「二人とも謝りなさい！」などと、とにかく早く解決させようとしてしまう。

しかし、ケンカに関していうと、どちらかが一方的に悪いということはほとんどなく、**お互いの感じ方の違いから生まれるケースが多い**のです。

人にはそれぞれ自我があります。そこがぶつかったとき、他人であれば話し合いで解決できることも、相手が家族やきょうだいなどの身近な存在になると、「自分のことをわかってほしい」という気持ちが強くなり、甘えや反発といった形でぶつかり合いが起こりやすくなります。特に言葉が未熟な子どもの場合、わざと相手がイヤがる言葉を投げたり、手が出てしまったりして、ケンカという形になりやすいのです。「ケンカをしてはダメ」と言うより、「どうしたら仲直りができるか」を親子で一緒に考えることの方が大切です。

きょうだいゲンカを止めるときは、まず「何があったの？」と、それぞれから話を聞くことからはじめましょう。二人同時にワーワー言い出したら、「どっちの話もちゃんと聞くから、まずはダイスケから話してみて」と順番を待つように言い聞かせ、それぞれの話をじっくり聞きます。

親の役割は「感情」と「事実」を整理すること

その際のポイントは、**「ダイスケはこのときそう感じたのね」「ケンジにはそう聞こえたのね」**と、「あなたはそう感じた」という言い方で、子どもの話をオウム返しします。

子どもは何かの出来事を伝えるとき、自分の目で見たことや感じたことだけを話します。それをそのまま鵜呑みにすると事実とズレてしまうことがあるので、今の話はあくまで「あなたが感じたことだよね」と伝えて確認します。オウム返しは子どもに安心感を渡すことができることは前述した通りです。まずはそれぞれの言い分をしっかり聞きましょう。

それでも、「だって、兄ちゃんが約束を破ったからだ！」「違う！　俺は破ってなくて、○○したかったんだよ」と、また言い争いに発展しそうになったらどうするか――。

ここでもやはり、「ケンジはダイスケが約束を破ったように思ったのね」「ダイスケは○○がしたかったのね」という言い方で**事実を整理します**。

すると、それぞれ相手がどう思っていたかがわかり、起こったことが明確になってきます。子どもたちにとっても、親がきちんと話を聞いてくれるという安心が得られるので、ムキになって自分の話ばかりを言い募るということも収まってきます。

そうして話を丁寧に整理していくと、自分が感じていたことはどちらも間違っていなくて、怒ったり、いじわるを言ったり、感情が抑えきれなくて手が出てしまったりと、伝え方や行動が間違っていただけだと気づくのです。

「ケンカが起こったこと自体は仕方がないとして、相手に手を出したあなたの行動はよくなかった」という点はきちんと謝らせる。本当に伝えたいメッセージは、間違った行動をしてしまうことは誰にでもあり、それに気づいたら謝罪や修正、信頼の回復をしなければならない。でも、それをした**あなたを否定しているわけではない**、ということです。

事実を確かめられないまま一方的に怒られると、子どもは「自分を否定された」と感じ、傷つきます。言葉の選び方としていちばんよくないのが、「なんであなたはいつもそうなの！」。二人まとめて「なんであなたたちはいつもそうなの！」も同じです。

「いつも」や「あなたたち」といった言葉で一つにまとめると、「がんばってもどうせ見てくれない」「どうせわかってくれない」と親へのあきらめが生まれます。意欲をなくしてしまったり、ときには反発という形で感情を爆発させたりすることもありえます。

どのケンカにもそれぞれ理由があります。それを簡単に「いつも」や「あなたたち」という言葉でまとめてしまわないように、親御さんは気をつけてみてください。

ケース 39 一人っ子で寂しい思いをさせていないか……

本当は言いたくない言葉

一人っ子でごめんね……

子どもに届く言葉

あなたは〇〇が好きだよね

一人の時間が多いことはメリットでもあります。

きょうだいを比較してしまう、きょうだいゲンカという子育ての悩みがある一方、一人っ子の親御さんからはよく「一人っ子で寂しい思いをさせていないか……」という悩みを聞きます。特に親世代の方がきょうだいが多い傾向があるので、きょうだいがいた方がいろいろな話もできるし、ケンカをしながらも人との接し方を学べると思うようです。

たしかに、きょうだいがいるとそういう経験もできますが、**一人っ子には一人っ子の良さがあります。**

まず、一人っ子は親の愛情を一身に受けられるので、おだやかに育ちやすいというメリットがあります。よく「一人っ子は競争心が育ちにくい」と言われますが、その意見に私は否定的です。一人っ子の場合、親がいつも自分だけを見てくれているという安心感があるので、きょうだいと張り合う必要も、奪い合う必要もありません。だから、おだやかに自分の興味を伸ばしていけるのです。

「人との競い合いやぶつかり合いも大事なのでは」と思うかもしれませんが、学校で友だちを相手にそうした経験を積めばいいだけの話であって、一人っ子だから温室育ちになってしまうというのは短絡的な解釈だと思います。

また、考え方の違いという点では、親子でも考え方は当然違ってきます。一人っ子家庭の場合、親が「お父さんはこう思うな」「いや、お母さんはこう思うわ」など、「私はこう思う」という伝え方を意識すると、人にはいろいろな考え方があることを学べます。

近年は共働きが当たり前で親が忙しくなり、きょうだい同士で遊んでくれる家庭をうらやましく感じる一人っ子家庭の親御さんもいるようです。

しかし、これも考え方によってはメリットになります。一人っ子の場合、きょうだいに遊んでいたおもちゃを取られたり、邪魔されたりすることがないぶん、一人の世界に没頭できるからです。一人で本を読む、一人で絵を描く、一人で遊ぶ――。何かに没頭しているときの子どもは自分らしさを発揮しています。その時間をたっぷり得られるという大きなメリットに目を向けましょう。

そして、「一人で楽しめる心」を育てるために、**「あなたは○○が好きだよね」「○○をしているときが楽しそうだよね」**と子どもが興味を持っていることを言葉にして、ポジティブに渡すといいでしょう。

すると子どもは「自分はこれが好きなんだ。だからもっとうまくなりたい」「だからもっと知りたい」と能動的な思いが生まれ、一人の時間を楽しめるようになります。そうなればもう安心。あとは子どもの思うままに、その世界に浸れるようにしてあげればいい。

一人っ子には一人っ子の良さがあることを知り、それを生かした子育てを心がけるのがいいと思います。

ケース40 男女の決めつけはしたくない。でも、なんだかモヤモヤする……

本当は言いたくない言葉

男の子なんだから泣かないの

子どもに届く言葉

男女の違いは当然あるよ

男女平等の理想と現実について、
親なりの意見を伝えます。

子どもだったころ、よく「男の子なんだから」「女の子なんだから」という言い方をされた方は多いはずです。ところが今はそういった表現はジェンダーバイアス（性差に対する固定概念や偏見）に当たるため、避けるべきだとされています。

実際は、「男は社会で働き、女は家庭を守る」という価値観が根強く残っているのが日本社会の現状です。共働き家庭がスタンダードになっても、家のことの多くは女性が担っています。社会が変わっていないのに「男だから」「女だから」という言葉だけを封印する。そうやって、現実に背を向けることが本当にわが子にとっていいのか、と漠然とした不安や違和感を抱いている親御さんは多いのではないでしょうか。

たしかに「男の子だから」「女の子だから」という表現は子どもの可能性の芽を摘み、自分らしさを発揮することへの妨げになりかねず、子どもに渡す言葉としては望ましくありません。しかし、どこか口先だけの綺麗事を言うようでしっくりこない思いもある。

そこで、子どもとジェンダーについて話すときは、まず「世の中的にはまだ男の人の立場が強くて、女の人は守られる側とされがちだよね」と、**「世の中的には」という言葉を使って、現実も伝える**といいでしょう。そして、**「男の人のほうが体が強いという違いはある。だからといって、性差別をしていいはずがないね」**と、違いを認めることと差別とは全く別物だということを教えてあげましょう。

女性には生理や妊娠、出産があるため、医師などの責任ある仕事は任せられないと考える人もいます。ところがドイツでは今、医師は男性より女性のほうが多いそうです。ドイツもやはり昔は男性優位の社会でしたが、女性の体のリズムに合わせて手術日を調整したり、チームとして協力し合う体制を整えたりするなど、社会の仕組みを見直したことで女性も活躍できる社会になったのです。

日本はいまだに社会のルールを変える努力をしないまま、表面上の言葉だけで男女平等に近づけたふりをしています。親御さんたちはそういう日本の現実を子どもに教えてあげたいですね。たとえば男の子だったら、**「今の日本はまだ男性が有利な社会になっている。でも、それは社会の仕組みのせいであって、男だから偉いとか優秀だなんて思ってはいけないよ」**と、感情論ではなくて理性的に事実を教えてあげることが大事です。

女の子に対しては、**「女性が不利な社会はおかしいね。でもだからといって男性をただ攻撃したり、敵対視したりするのも違うね。一緒に社会を変えていくことが大事なんだから」**と、当事者意識を持たせてあげるのはいかがでしょうか。

親の価値観は、多かれ少なかれ子どもに受け継がれます。**お父さんが「家事は母親がやるのが当たり前」と思っていると、子どももそう思うようになります。**これを機会に、みんなが幸せになれる社会について、まずは家庭から親子で考えてみるといいですね。

ケース 41 子どもがプロのサッカー選手になりたいと言い出した

本当は言いたくない言葉

そんなの無理に決まってるじゃない

子どもに届く言葉

いいね！　じゃあ、どうしたら夢が叶うか考えてみようよ

夢は、目標をもって前に進むための原動力になります。

わが子には夢をもって生きてほしい。親ならみんなそう願うものでしょう。

ところが、その夢が「プロのサッカー選手になりたい！」「世界的な博士になりたい！」など、あまりにもスケールが大きすぎるものだと、「ぜんぜん練習なんてしてないのに？」「こんな成績で博士⁉　どう考えても無理でしょ」と笑って流してしまいがち。今のわが子の姿からあまりにほど遠いと、後で挫折して傷ついてほしくないという思いもあって、早めにあきらめさせようとする言動にもなるようです。

しかし、どんなに現実離れした夢に思えても、夢をもつこと自体はとてもいいことです。夢に向かってがんばろうという意欲につながったり、もっと上手になるために練習しようという努力を生み出したりと、自分を成長させる原動力になるからです。

ただ、**夢を抱くことと目標設定をすることとは、少し次元が違う**ことは知識としてもっておいてください。目標とは、最終的に目指すものに向けて通過していく目印のようなもの。「サッカー選手になりたい」という夢であれば、その夢に向けてまずはどういうことをがんばるかと目標設定をするのです。

「毎日ボールを蹴る」「今度の運動会でリレーの選手になる」など、明日、来週、一カ月後、数カ月後といった近い将来に向けた目標を子どもと一緒に考えてみます。夢は夢のままでいいから、そこに少しでも近づくための身近な目標を設定し、まずそれをがんばる。

ここで親御さんに理解していただきたいのが、目標達成に向けて努力はするとしても、**夢はあくまで原動力であって、目標そのものではなくてもいい**ということ。つまり、結果として夢の形が変わっていっても何の問題もありません。

なかには、たとえばメジャーリーガーの大谷翔平選手のように、子どものときの大きな夢を目標として設定し実現する人もいますが、それは非常にレアケース。ほとんどの人には実行できないから、スターといわれるわけです。多くの人にとっては、夢を原動力として身近な目標に向かって一つひとつがんばることに価値があります。

「ユーチューバーになりたい」はどう応援する？

では、もし子どもがユーチューバーになりたいと言い出したらどうしますか？

夢を応援したいという気持ちと、「本気だったらどうしよう」という不安な気持ちが入り交じるかもしれませんね。小学生の将来なりたい職業で、ユーチューバーが初めて1位にランクインしたときは、世間を大きく騒がせました。

でも当時と違い、大人たちも人気ユーチューバーになるにはそれなりの努力が必要だと知っているので、頭ごなしに反対する方は少ないでしょう。

ただ、子どもは「適当にしゃべっているだけでラクして稼げていいな」と勘違いしていることもあります。そういう様子が見えるときは、**「目指してみればいいと思うけど、その夢を叶えるにはどういうことをがんばればいいと思う？」**と問いかけてみてください。

そこで「いや、ただしゃべっているだけじゃん」と言ってきたら、「そうかな？　これだけいろいろな話ができるのは、いろんなことにチャレンジしてがんばってきたからだと思うよ」と、人気の裏にある努力やがんばりを教えてあげるといいと思います。

編集技術やマーケティング、動画をつくり続ける難しさなど、事実を知ることは子ども本人にとっても有益です。ＹｏｕＴｕｂｅ攻略法を解説しているチャンネルも複数あるので、親子で一緒にそうした動画を見て、ユーチューバーになるには何が必要かを、真面目に研究するのも有意義でしょうね。

ケース 42

子どもに夢や憧れがないみたいで心配

本当は言いたくない言葉

何かやりたいことはないの？

子どもに届く言葉

あなたは目標のその先に夢を持つタイプなのかもね

親が心配しなくても、子どもはいずれ自分のやりたいことを見つけます。

「あなたの将来の夢は何？」と聞いたとき、「サッカー選手になりたい！」「パティシエになりたい！」など、自分の夢をはっきり答えられる子がいる一方、「別に何もないなぁ」「そんなこと、まだわからないよ」という子もいます。親からすると、「夢や憧れがないなんて、この子は将来大丈夫なのだろうか……」と心配になるかもしれませんが、そういう子もけっこう多くいるものです。

今のような情報社会では調べれば何でもわかった気になってしまうため、子どもたちが現実的な思考に傾きやすいようです。たとえば「サッカー選手になるには」と検索すれば、あらゆる情報が得られます。そのなかにはタメになる情報もたくさんありますが、「小学生のときからクラブチームに入っていなければ難しいんだ……」「海外留学が必要なんだ」と現実も知ることになり、無邪気に憧れてはいられないようですね。

目標の先に夢が見つかることもある

今はまだ夢や憧れがない子の場合、無理に見つけさせせようとする必要はありません。それより、**日々の小さな目標を立てて、それに向けてがんばるようにするといい**でしょう。

たとえば漢字が好きな子なら漢字検定に挑戦したり、料理が好きな子ならお母さんの誕生日にごはんをつくってもらったりして、「子どもが興味を持っていること&挑戦できること」をやらせてみるのです。

特に興味のあるものがなさそうなら、学校の勉強でいい成績をとるようにがんばるということでもいいでしょう。そうやって知識を増やし、何かに挑戦して自信をつけていくと、成長とともに目指したい道が見えてきます。

大きな夢の途中に目標を置いてがんばる子もいれば、身近な目標をコツコツとクリアするうちにやりたいことを見つける子もいるので、今お子さんに夢がなくても心配する必要はありません。もしお子さん自身が夢がないことを気にするようなら、**「あなたは目標のその先に夢を持つタイプだね。どんな夢が見つかるか楽しみ」**と言ってあげます。「いつか自分のやりたいことを見つけるはず」とわが子を信じて、見守ってあげましょう。

ケース 43 子どもが習いごとや塾に行きたがらない

本当は言いたくない言葉

あなたがやりたいって言ったのよ？　もうやめちゃいなさい！

子どもに届く言葉

何があったのか、教えてくれる？

親が一方的に決めつける前に、
気持ちを受け止めてあげましょう。

子どもが自ら「やりたい」と言ったことは、できる限りやらせてあげたい。そう思うのが親の心情です。とくに習いごとや中学受験など、子どもの将来に良さそうなものは、たとえ金銭的な負担があっても積極的にやらせてあげたいと思うものでしょう。

ところが、しばらくして子どもが「行きたくない」と言い出した。そんなとき、みなさんならどう反応しますか？　おそらく多くの人が「あなたがやりたいって言ったんだよ」と責めるか、「もう少しがんばってみよう」となだめるかのどちらかでしょう。

その背景には「一度始めたことは、そう簡単に投げ出すべきではない」という「べき論」と、「ここでやめたら、将来なんでも簡単にあきらめてしまう人間になるのではないか」という親としての不安があります。

たしかに、続けることは力になるので、そういう考え自体はけっして間違いではありません。ただ一方で、**子どもの「やりたい」はたいしてあてにならないもので、「やってみたらやっぱり違った」という理解も持っておくのがいい**でしょう。

子どもが「行きたくない」と言ったときに親がすべきことは、これまでも紹介してきたように、「休みたい」「いや、行きなさい！」という押し問答ではなく、まずは「行きたくない」という子どもの気持ちを受け止めて、それについて親子で一緒に考えることです。最初に渡す言葉としては、**「何があったの？」**という問いかけになります。

聞いてみると、子どもからは「先生が言っている通りにやってみたけど、何回やってもうまくいかないから楽しくなくなった」とか、「先生の声が大きくて、怒っているように聞こえて怖い」とか、行きたくない理由を言ってくれるでしょう。

なかなかうまくできなくて自信をなくしているようなら、**「どこまでできるようになったか教えて」**と言って、できているところを見つけてあげましょう。これは勉強でつまずいているときと同じアプローチの解決法です（62ページ参照）。本人ができないと言っていても、よく見れば実はこれまで取り組んできた分できるようになっていることはたくさんあるので、「ここは上手になってると思うよ」と、本人が気づいていない成長を言葉にして伝えてあげます。すると、自信を取り戻して続けてみようとなることもあります。

または、「じゃあどうすれば上手くなるか、先生にもう一度聞いてみよう」と促してみるのもいいでしょう。習い事でも塾でも、指導者になる人は基本的に生徒の成長を願っています。質問があれば、親身になって答えてくれるはずです。

「子どもの意志」と「わがまま」の境界線は？

一方、「塾の先生の声が怖い」など本人の取り組みではどうにもならないものは、塾長に相談してクラスを変えてもらうという方法もあります。

ただ、これは少し注意が必要です。最近、「あの先生はイヤだ」「こんな塾やめたい」という子どものひと声で転塾をくり返すご家庭が見られます。子どもの気持ちを尊重するのは大切なことですが、それが単に甘えやわがままを助長する結果となっては大変です。

人はほどよい緊張感をバネにして取り組んだときに集中力が高まり、力を伸ばしていきます。思うようにいかないとき、どうしたらうまくいくかを考え、工夫し、ストレスと向き合いながら成長していくのです。そうした経験をまだ持たない子どもの場合、親が安易に子どもの言い分だけを受け入れてしまうと、その子は成長のチャンスを失うリスクがあります。子どもの意思を尊重することと、わがままを受け入れてしまうことの違いを見極めるのはとても難しいですが、普段から子どもをよく観察して判断していきたいですね。

気持ちを受け止めて、最後は自分で選ばせる

習いごとは、子どもが「やりたい」と言い出して始めることもあれば、親がよかれと思って始めることもあります。ただ、子どもの習いごとに関して心に留めておいてほしいのは、**やらせたらやらせたぶんだけ才能が開花するというような幻想を持たないこと**です。習い

ごとには相性があります。親がよかれと思ってやらせた習いごとでも、子どもが好きになるかどうかはわかりません。

わが家では、息子が3歳のときに空手を習わせてみました。健康な体づくりと心の姿勢づくりのために何か武道をやらせてみたいと思い、私から提案したのです。

ところが、わずか3年しか続きませんでした。最初に型を習っていたころは本人も楽しく通っていたのですが、年齢が上がりいよいよ組み手が始まると、行きたがらなくなったのです。理由を聞くと、「叩かれても痛いし、叩いても痛いからイヤだ！」と言うのです。

私としてはもう少しがんばってほしい気持ちもありましたが、そばで見ていた妻は「あの子、本当にイヤそうよ」と言います。そこで夫婦で話し合い、このまま続けてもそれが息子にとっていい経験になるとは思えないと判断しました。最後にもう一度、息子に「本当にやめていいんだね？」と確認し、「やめたい」ときっぱり答えたので、小学1年生のときにやめることにしたのです。

習い事に関しては、やめるにしろ、続けるにしろ、子ども本人の考えをいったん受け止めたうえで、親子で一緒に考え、最後は子ども本人に選ばせるというプロセスが大切です。何がなんでも続けさせようとするのではなく、「本人の意思でやることを選択するいい機会」という程度に考えるようにしましょう。

ケース
44

子どもの興味に共感できない……

本当は言いたくない言葉

ごめん、ママは虫が苦手なの

子どもに届く言葉

あなたは本当に虫が好きなのね。虫を見ているときのあなたのキラキラした目がお母さんは好きよ

興味の対象ではなく、子ども自身を見てあげるだけでOKです。

子どもが興味を持ったことを否定したくないし、できれば共感したい。でも、それが自分にはどこがおもしろいのかまったく理解できない。または苦手なのでできるだけ避けたい、そう思っている親御さんも多いと思います。

たとえば、虫好きな子どもにつき合うのがキツい――。

「子どもがこんなに好きなのだから、私も『この虫かわいいね』とか『羽根がキレイだね』とか言ってあげたほうがいいの？　いやいやフツーに無理だわ。見たくない」というお母さんたちの本音を数多く聞いてきました。

結論から言うと、**子どもが興味を持っていることに、親も同じように関心を持つ必要はありません。**安心しましたか？（笑）

「なんでこんなものが好きなの？　気持ち悪い」とか「そんなものばかり見てないで、もっと別の楽しみを見つけなさいよ」など、否定的な言葉を渡さなければいいだけです。

人間一人ひとりの性格が違うように、興味を持つ対象は人それぞれです。子どもが虫に興味があるのなら、「この子は虫が好きなのね」と認めてあげればいいだけのことで、親が一緒になって好きになる必要はないし、否定する権利もない。親にとっての興味は虫ではなく子どもなのだから、目の前にいる子どもを興味深く観察していればいいのです。

子どもが楽しそうに虫を見ていたら、親御さんはその姿を見て、**「あなたは本当に虫が好きだね。虫を見てるときの目はキラキラしてる」**などと、見たままの姿を言葉にしてあげましょう。そうすると、子どもは「お母さんは僕の好きなことを知っている」と、自分を受け入れてくれたように感じ、心が安定します。そして、いろいろな虫を集めてみたり、図鑑で調べてみたりして、思うままに没頭します。

詳しくなると、「この虫はね……」といろいろ説明してくれるでしょう。そのときも「子どもの話をしっかり聞いてあげなきゃ！」と力を入れずに、**「あなたは虫の話をするとき、本当に楽しそうね」**と見たままの姿を伝えてあげればいい。そうすれば、子どもは喜ぶし、親も無理がない。この方法を知っておくと、親も子もハッピーになります。

以前、虫嫌いなお母さんが「子どもと一緒に図鑑を見なければいけないのが、苦痛でしかたがない」とおっしゃっていましたが、この方法を知ってからは「図鑑が怖くなくなりました（笑）」と報告してくれました。子どもは図鑑を見ているけど、**お母さんはそのときのお子さんの楽しそうな顔を眺めていればいいだけ。**自然と笑顔になれます。

お子さんの興味に共感できないときは、ぜひこの方法を試してみてください。

ケース 45 子どもの質問責め、何とかなりませんか？

本当は言いたくない言葉

さぁ、知らない
いま忙しいから
後にして

子どもに届く言葉

なんだろうね？
一緒に考えて
みよう

子どもは必ずしも答えを知りたいわけではありません。

子どもは好奇心が旺盛です。見るものすべてに関心が向き、「あれは何？」「これは何？」「なんでそうなの？」と親に質問します。余裕があるときなら丁寧に答えてあげたり、一緒に調べてあげたりもできますが、それもなかなか難しいですよね。正しい答えを教えてあげなきゃと思うとプレッシャーになり、「なんでこんな忙しいときに」とイライラし、「さぁ、知らない」と突き放したり、「今忙しいから後にして」ときつく言ってしまったり……。誰でも一度はそんな経験をしているのではないでしょうか。

子どもからの質問に対しては、次の４つの対応があります。

一つ目は、「これは何？」という子どもの質問に対する答えを知っていたら、「それは○○だよ」と端的に答えを教えてあげる。どんなに忙しくても、「あなたが関心を持ったことを受け止めたよ」というサインを伝えるためです。答えがわからなかったときは、**「なんだろうね？　お母さんもわからないから調べてみて」**と言ってみる。これが二つ目です。答えは知らないから教えてあげられないけど、子どもが関心を持ったことには反応したことを伝えます。そのとき時間に余裕があるようなら一緒に調べてみましょう。

三つ目は「これは何？」と聞いてきたものが、以前聞いてきたことと似ていたり、子どもがすでに知っていることと関連があったりしたら、**「それ、前に似たようなものがあったよね？」「あれと同じじゃない？」**などとヒントを与えて、「何だと思う？」と逆質問してみる。答えをすぐには教えず、本人の中で答えを見つけさせようという狙いです。

答えが見つかったら、「よくわかったね」とほめてあげればいいし、わからなかったら答えを教えてあげればいいでしょう。

四つ目は、忙しくて子どもの質問につき合ってあげられないときに渡す言葉として、**「ごめんね。今お母さんコンロの前から離れられないから、後で一緒に調べてみよう」**と理由を伝えたうえで約束する。または、**「もしかすると、図鑑に載っているかもしれないから調べてみて。わかったら後でお母さんに教えてくれる？」**と調べる方法を教えてあげるといいでしょう。「調べてごらん」と投げっぱなしにするのではなく、「それを後で教えてね」とセットで伝えるのがポイントです。

結局のところ、子どもは「これは何？」に対する答えより、**「僕が関心を持ったことを受け止めてくれた」という安心感を得たい**のです。そうすると、子どもは「知らないことを知りたがるのは悪いことじゃない」と感じ取り、好奇心を膨らませていきます。

また、知らないことがあれば人に聞いていいいし、自分で調べてもいいことを知り、知識を得ることに対して能動的になります。

「知らないことを知るのは楽しい」「答えがわかると気持ちがいい」という経験をたくさんすることで、やがて学ぶことの楽しさを味わえるようになるのです。

ケース 46 子どもの興味を広げるために、いろいろ体験させたい

本当は言いたくない言葉

せっかく来たんだから、しっかり見なさい！

子どもに届く言葉

そっか、これにはあんまり興味がないんだね（笑）

興味を示すかどうかは、ひとえに子ども次第です。

最近は、大学受験でも学力勝負の一般選抜より、自分の興味や強みをアピールする総合型選抜の割合が増えてきています。そうしたことから、子どものうちにいろいろな経験をさせようとする親御さんが増えてきているようです。もちろん、子どものうちに多様な経験をしておくのはとてもいいことです。

ただ、習いごとや外出のスケジュールを詰め込みすぎると、逆効果になってしまうことがあります。**子どもには〝何もしない時間〟も必要**だからです。

勉強でもそうですが、何か学んだあとには今やったことを振り返る時間が必要です。大人から見ると、ただぼーっとしているように映るその時間に、子どもは「今日の習字はうまく書けたなぁ。ハネを思いっきり書いたのがよかったのかな？」「今日のレッスンでもそうだったけど、いつも同じところを焦って弾いちゃうんだよなぁ。どうやったら落ち着いて弾けるようになるんだろう」といった感じで、体験したことを消化し、学びとして吸収しているのです。

もし1週間のスケジュールが習いごとで埋め尽くされてしまうと、ぼーっとする時間が得られず、本当のインプットができません。せっかくの学びが身にならないばかりか、ただ予定をこなすだけで〝やらされている感〟が強くなり、すべてにおいて自分事として取り組めなくなってしまうのです。

子どもが何を好きになるかはわからない

子どもに体験をさせるとき心に留めておいてほしいのが、**子どもの反応について過度に期待しない**ということです。興味深い場所や施設に連れて行ったものの、子どもの反応がイマイチだったというのはよくあります。親からすると、「せっかく連れて行ってあげたのに……」と残念な気持ちになりますが、どう感じるかは子どもの自由です。

そんなときは、「そっか、これはあまり興味ないんだね」で終わればいいだけ。無理に「すごいでしょう」「きれいだよね」と感想を押しつけなくて大丈夫です。

わが家でも、息子が小さいときに「この子はきっと宇宙に興味を持つに違いない。よし、本物を見せて驚かせよう」と科学技術館に連れて行ったことがありました。でも反応は予想外。「あ、そう？　違うんだね？」と妻と笑って帰ってきたことがあります。

子どもが何に興味を示すかはわかりません。親ができるのは出会いの機会をつくってあげることだけで、興味の対象は本人に委ねるしかないのです。子どもが何かに興味を示したら、**「あなたは◯◯が好きみたいだね」「今日はとても楽しそうだった」**などと声をかけてあげましょう。自分を知れば、親が何もしなくても自らハマっていきます。

ケース47 ほめる子育てがいいというけど……

本当は言いたくない言葉

（サッカーの試合後に）負けちゃったけど、いい試合だったよ

子どもに届く言葉

今日の試合、お母さんは本当に感動したよ

「アイ・メッセージ」は、子どもの気持ちにかかわらず有効です。

「ほめる子育て」という言葉がよく使われるようになりました。ほめられると自分を認めてもらえたと感じてうれしくなるものです。それが自信となって、次もがんばろうと意欲的になれるのは、これまでお伝えしてきた通りです。

ただし、なんでもかんでもほめていると、ほめられることに慣れて心が動かなくなったり、「ここはほめられたくない！」と反発心を生んでしまったりすることがあります。何事にも、「ここぞ」というタイミングというものがあるのです。

ほめることで良い効果が起きるときには、二つのパターンがあります。一つは、子ども本人は気づいていない、素敵だなと思うことを伝えたときです。たとえば子どもが宿題に集中して取り組んでいる姿を見て、**「問題を解くときの顔がキリッとしてカッコイイね」**と言ってあげる。すると、本人は「えっ、そう？」とテレながらも、「今日は集中して勉強できた」と感じて、明日もがんばろうという気持ちになります。

もう一つは、本人も「これはがんばった」「これはできる」と自覚していることをほめてあげたときです。**「今回のテストは本当によく勉強したね。だからいい点が取れたんだよ」「あなたはいつも人前で堂々と話せるね。今日のスピーチも、とても良かった」**というように、子ども本人も「自分にはできる」「自分はその力を持っている」と自負していることをほめられると、嬉しいと同時に安心します。

この場合、納得感から「よし、次もがんばるぞ」と意欲がわいてくるのです。

ほめたことに見返りを求めない

一方、ほめられても嬉しくないときもあります。たとえば、ライバルとの差がまだあるのに、「今回は惜しかった。でも本当によくがんばった」とか、「負けたけど、いい試合だった」など、本人がその結果に納得や満足をしていないのにほめられる場合です。

親としては励ましたつもりでも、本人は「もっと高い目標があるのに、そこまでの力しかないと思われている」と感じて傷ついたり、やる気をくじかれたりしてしまうのです。

ほめるのは言葉を渡された本人が意欲的になれるようにするためなので、相手に響くかどうかが大きなポイントになります。何でもほめればいいわけではありません。

でも、本人がどう感じるかはともかく、親の自分はすごいと思ったからほめたいということもあるでしょう。そういうときは、「アイ・メッセージ」を使って伝えてください。

「あなたはこの結果に納得してないみたいだけど、お母さんは今日の試合に本当に感動した。すごい！と思った」というように、自分（I・アイ）の気持ちとして伝えるのです。そうすれば子どもは否定的にはとらえません。そのときはニコリともしなくても、後からじわじわ心に響くこともあります。

いちばん良くないのは、「ほめたのだから次もがんばれ」といった押しつけです。たとえば中学受験家庭でよく見られるのが、「この問題を正解できたのはすごい。だから次の問題もがんばりなさい」と、とってつけたようにほめ言葉を渡してから、さらにがんばることを強制するパターンです。ご本人は無意識に言っていることが多いのですが、「結局、もっとがんばれってことでしょ」と子どもは敏感に感じとり、親に不信感を抱くようになります。今のがんばりを認めてもらえた気がしないのですね。**「ほめ言葉」＋「だから○○しなさい」構文は、親の考えを押しつけるだけになりがち**なので注意しましょう。

ケース
48
夫婦で子育てをしていく秘訣を知りたい

夫婦ゲンカに発展する言葉

君に任せたよ

夫婦で子育てをしていく言葉

どうしたらいいか、一緒に考えてみよう

お互いへのリスペクトや感謝があれば、多少の困難があっても子育てをやり遂げられます。

最後に、夫婦間の言葉の渡し方について考えていきたいと思います。

子育てをしていくうえで、夫婦の意見が合わないというのは、どの家庭でも大なり小なりはあるはずです。たとえば子どもの進路を考えるとき、「私は中学受験をさせたい」「僕はしなくてもいいと思う」など。このように意見が違っている場合、ずっとぶつかり合ったままか、夫婦の力関係でどちらかが折れるしかないという二択で考えがちです。

たしかに、「僕は」「私は」と自分を主語にしているかぎりは二択です。自分が主語である限り二人の意見が一致することはないし、互いを理解し合うことはできないからです。

そんなときは、**主語を「私たち」に変えてみてください**。あなたのお子さんは、あなただけの子どもではなく、二人の間に生まれた〝私たちの子ども〟です。子どものことを考えるときに、「私たちはどう考えたらいいかな」「わが家はどういう方針でいこうか」と、共同作業として向き合うのが当然の姿ですね。

「私たち」で話し合うと、それぞれの進路についての考え方は違っていたとしても、「あの子には野球というやりたいことがあるから、中高一貫の学校のほうが伸び伸び取り組めると思う」「たしかにその考えもわかるけど、いま一生懸命野球に打ち込んでるんだから、それを応援してあげたい」と、根っこの部分で通じ合っていることに気づきます。つまり、どちらもわが子への愛情が深いということです。

「どちらが正しいか」で意見をぶつけ合うと、夫婦の関係はギクシャクしてしまいますが、「愛情の表し方にはいろいろあるんだな」と捉えれば、「じゃあ、私たちはどれを選ぼうか」と夫婦で相談して選択していけます。

お父さんの「君に任せたよ」には要注意

夫婦には役割があると考えて、子育てに関しては「君に任せたよ」とお母さんに一任する家庭もあります。夫婦で役割分担をすること自体は問題ありませんが、この「君に任せたよ」には二つの意味があるため、言葉の真意を確認しておきましょう。

一つ目は、面倒なことは任せたいという意味での「任せたよ」。「自分は仕事が忙しいから、子育てのことは自分の手をできるだけ離したい」と、お母さんに丸投げするタイプです。こういうタイプのお父さんには、何かうまくいかないことがあると「なんでこんなことになったんだ?」「なんでうまくいかないんだ?」と、「なんで」という言葉でお母さんを責める方が少なくないようです。

二つ目は、心から奥さんを信頼し、わが子にとってより良い選択と考えて委ねる「君に任せたよ」。このタイプのお父さんは、何かうまくいかないことがあっても、「何があったんだろうね?」とお母さんと一緒に考えてくれます。わが子に目を向けているので、お母さんのせいという発想すら出てきません。

このように、「君に任せたよ」には二つの考え方があります。どちらが理想的かは一目瞭然ですね。「君に任せたよ」と言われたときは、どちらのタイプか確認するようにします。そのうえで、「えっ? そんなに私のことを信頼していたの?」「そこまで信頼して大丈夫?」と念を押しておくといいでしょう(笑)。

お互いへの感謝を言葉にする

最後に、夫婦関係と家族関係が良くなるコツを一つお伝えしたいと思います。

子どもが生まれたばかりのころ、「このクリクリした目はあなたにそっくり」「このほっぺの感じは君に似てるね」など、お互いが自分に似ているところや、相手に似ているところを口にして、自分たちの子どもであることを確認し合った思い出はありませんか? そんな幸せなやりとりを、子どもが成長していく過程でもやっていただきたいのです。

子どもが成長するにつれて親の目は厳しくなり、「できる・できない」にとらわれてしまいがちです。人間の目は無意識のうちにネガティブな方へ向いてしまうので、うまくいかないと「なんであなたはできないの?」と相手を責める言葉を投げたくなる。

だからこそ、**意識してわが子のいいところを見つけてほしい**のです。そして、子どもそのものを認めてほめるときに、次のような言葉を添えてみてください。

たとえば**「このマイペースなところは、さすがあなたの子って感じ」「この準備に余念がないところは、やっぱり君に似てるな。僕に似なくてよかったよ(笑)」**といった感じで、お互いの似ている部分を伝え合うのです。

ベースにあるのは、「この子がこんなに素敵に成長したのは、あなたのおかげ」という気持ちです。そうすると、夫婦で尊重し合える仲になるし、それを言われた子どもも「わたしは(僕は)、二人の愛情を受けて育ってるんだ」と感じて、安心できます。

お父さんとお母さんはわたしをいつも見守ってくれている。僕をいつも応援してくれている。この安心感が自信を生み出し、自分の人生を自分で選択する力に変えていくのです。

そのように育つ子は、必ず「頭のいい子」と呼ばれることでしょう。

著者紹介

小川大介（おがわ・だいすけ）
教育家。見守る子育て研究所所長。1973年生まれ。京都大学法学部卒業。学生時代から大手受験予備校、大手進学塾で看板講師として活躍後、社会人プロ講師によるコーチング主体の中学受験専門個別指導塾を創設。子どもそれぞれの持ち味を瞬時に見抜き、本人の強みを生かして短期間の成績向上を実現する独自ノウハウを確立する。塾運営を後進に譲った後は、教育家として講演、人材育成、文筆業と多方面で活動している。6000回の面談で培った洞察力と的確な助言が評判。受験学習はもとより、幼児期からの子供の能力の伸ばし方や親子関係の築き方に関するアドバイスに定評があり、各メディアで活躍中。そのノウハウは自らの子育てにも活かされ、一人息子は中学受験で灘、開成、筑駒すべてに合格。『5歳から始める最高の中学受験』（青春出版社）、『自分で学べる子の親がやっている「見守る」子育て』（KADOKAWA）など著書多数。

子《こ》どもの頭《あたま》のよさを引《ひ》き出《だ》す
親《おや》の言《い》い換《か》え辞典《じてん》

2023年5月30日　第1刷

著　　者　小川大介《おがわだいすけ》

発行者　小澤源太郎

責任編集　株式会社 プライム涌光
電話　編集部　03(3203)2850

発行所　株式会社 青春出版社
東京都新宿区若松町12番1号 〒162-0056
振替番号　00190-7-98602
電話　営業部　03(3207)1916

印刷　三松堂　　製本　フォーネット社

万一、落丁、乱丁がありました節は、お取りかえします。
ISBN978-4-413-23301-9 C0037